서문

제가 뉴욕 시로 이사하기 전까지 알고 있던 유대인은 단 한 명: 저의 삼촌입니다. 그분은 뉴 잉글랜드에서 성장하셨고, 유대-이태리계 배경을 가지고 계셨습니다. 대학에서 예수님을 믿게 된 이후, 택사스로 이주하고 결혼도 하셨습니다. 그분은 교육에 진심이었고, 항상 좋은 이야기를 들려주었습니다. 또한 성경의 유대인성은 제 인생에 큰 영향을 미쳤습니다.

솔직히 말하면, 미국 대다수의 크리스천처럼 저는 유대인의 문화와 역사에 무지했습니다. 구약, 신약을 여러 번 읽었지만 - 뉴욕 지하철 밖에서 청소년들에게 도전을 받기 전까지는 - 현대 유대인 사회의 발전과 다양성에 대해 알지 못했습니다.

뉴욕으로 이사 온 지 며칠 후에 일어난 일입니다. 검은 중절모와 정장을 입은 청소년들이 내 앞을 먹고서 "혹시 유대인 이신가요?" 라고 물었습니다. "아뇨"라 중얼대고 재빠르게 지나치면서, 그들이 누구일까를 생각하는데, "미쯔바 탱크(Mitzvah tank)": 이동식 유대교 회당 같은 곳으로, 커다란 승합차에 유대인들을 데려가서 토라를 믿도록 유인하는 곳이 기억났습니다. 브루클린에 본부를 둔 하시딕의 한 종파인 차바드 루바비츠(Chabad Lubavitch)인데, 이들은 율법을 따르지 않는 유대인을 데려오는데 물불을 가리지 않는 사람들입니다.

여러 해를 거치며 제가 생각했던 것보다 훨씬 다양한 종류의 유대인 단체가 있다는 것을 알게 되었습니다. 시온주의자들이 있고, 반-시온주의자들도 있습니다. 일상언어로 히브리어, 아랍어, 부하라어, 러시아어, 이디쉬어, 영어를 사용하는 유대인들이 각처에 있습니다. 몇몇 이민자 단체들은 유대인들과 정치적으로 연결되어 있습니다. 다른 그룹들은 수천 년 동안 고립되었다가 이민를 통해서 처음으로 다른 유대인들과 소통하게 되었습니다.

이런 다양성에도 불구하고, 한 가지 확실한 현상은 초 정통파 유대교(Haredi)가 모든 곳에서 증가하고 있다는 것입니다. 높은 출산율과 고립된 공동체의 효용성이 초 정통 유대교의 인구를 증가시켰고, 홀로코스트의 절망으로부터 놀라운 회복을 일궈냈습니다.

그러나 공동체의 고립은 아주 큰 희망으로부터 하레딤을 차단합니다. 북미에서 가장 소외된 공동체중에서 상위권 12그룹이 유대인입니다. (upgnorthamerica.com) 이 그룹들 중에서도 하레딤은 복음의 메세지에 가장 적게 노출되었을 뿐 아니라, 저항도 가장 심합니다.

이러한 현실 때문에 영원한 의미를 가진 기도 안내서가 만들어지고 있습니다. 하레딤에 대해 안다는 것은 전 세계 교인의 책임이자, 그들이 예수님을 발견하도록 기도하고 돕는 일입니다. 이 소책자를 통해, 예수님의 명령을 기억하며, 저희와 중보 하시면 어떨까요?

"추수할 것은 많되 일군이 적으니 그러므로 추수하는 주인에게 청하여 추수할 일군들을 보내어 주소서 하라"(누가복음10.2).

크리스 클레이만

작가, ethNYcity: 대도시 뉴욕의 다양한 나라, 언어, 신앙, 그리고 위대한 계획 (The Nations, Tongues, and Faiths of Metropolitan New York and Superplan): 하나님의 이야기로 가는 여정

하레딤
(초 정통 유대인)을 위한 기도

소개
가장 중요한 기도

1 800년대, 우크라이나 지토미르의 유대인 지구 카멘스키에서는 하나님을 사랑하고 유대민족을 사랑하는 남성이 살고 있었습니다. 이방인이며 가구 제작자였던 이 남성의 기도제목은 유대인을 예수님께로 전도할 기회를 갖는 것이었습니다. 그 기도의 응답은 하시드 유대인 가족 중 아버지 없이 자란 이삭 코헨이었습니다.

가구 제작자는 이삭을 제자로 받아들였습니다. 가구 만드는 것을 가르치면서, 자신의 메시아도 가르쳐 주었습니다. 기도 응답으로 말씀과 성경이 열린 이삭은 1881년 21살의 나이로 믿음을 갖게 됐습니다.

이삭은 나의 증조부님입니다. 그분은 먼 친척이자 유명 랍비 집안의 애비와 결혼 했는데, 그녀 역시 아버지 없이 자랐습니다. 결혼 후 얼마 지나지 않아 애비는 예수님을 믿게 되었습니다. 이 부부는 우크라이나와 터키에서 유대인 사역을 하면서, 수 많은 반대와 고난을 견뎌야 했지만, 많은 사람을 전도하기도 했습니다. 이삭 조부님은 1898년도에 돌아 가셨으나, 그분의 두 아들 아셔와 데이빗이 사역을 이어 나가고 있습니다.

그 후, 애비는 다른 메시아닉 유대인인 르우벤을 만나 재혼하며 두 아이를 더 낳았습니다. 그들은 런던과 토론토에 있는 여러 다른 유대인 동역자들과 함께 사역했고, 오늘날 이삭과 애비 그리고 르우벤의 후손들이 메시아닉 공동체에서 리더로, 목회자로 또 그 밖의 섬김으로 함께하고 있습니다.

이방인 가구 제작자 한 명의 기도로 한 명의 유대인이 주님께 오게 되면서 후손들의 운명과 삶의 결과가 바뀌었습니다. 당신의 기도로 이 같은 여파를 몰고 온다고 생각해 보시면 어떨까요?

실화 (세부사항은 상이)

그들만의 고립된 공간에서, 특이한 모자와 머리 스타일과 정해진 옷차림을 고수하는 하레딤은 접근하기 어렵고, 우리가 성경에서 꿈꾸던 유대인과는 완전히 다른 모습일 것입니다. 하나님과 공동체, 그리고, 토라 학습과 순수함에 대한 하레디의 헌신은 어떻게 보면 이질적이지만, 감동과 확신을 주기도 합니다. 모든 삶의 중심이 하나님 위주인 그들에게서 우리는 이상한 동질감을 느끼기도 합니다.

유대인이며 율법을 준수한 경험을 가진 사도 바울이 공동체에 쓴 글입니다:

형제들아 내 마음에 원하는 바와 하나님께
구하는 바는 이스라엘을 위함이니
곧 그들로 구원을 받게 함이라
내가 증언하노니 그들이 하나님께 열심이
있으나 올바른 지식을 따른 것이 아니니라.

(로마서 10.1~2)

만약 유대인의 구원을 향한 바울의 기도가 간절했다면, 하레딤을 향한 예수님의 사랑과 관심은 얼마나 더 위대했겠습니까? 유대 공동체가 가진 종교적 완고함을 직면하고, 복음이 거부되었을 때, 예수님은 눈물을 흘리셨습니다:

"가까이 오사 성을 보시고 우시며 이르시되 '너도 오늘날 평화에 관한 일을 알았더라면 좋을 뻔하였거니와 지금 네 눈에 숨겨졌도다… 이는 권고 받은 날을 네가 알지 못함을 인함이라 하시니라." (누가19.42, 44)

하나님께서 이 공동체를 운행하십니다. 그들에게 복음이 전달될 시간과 우리가 더 노력해야 할 시기가 됐음이 감지되고 있습니다. 이 전도의 핵심은 기도입니다. 하레디의 남성들과 여성들 그리고, 그들을 섬기는 믿음의 지체들이 있는 하레딤 사회의 여정으로 여러분을 초대합니다. 그리고 간절한 중보기도가 필수인 이 사역에 동참해 주십시오.

하레딤은 누구인가?

이 구절에서 히브리어로 "떠는"은 hared, 즉 "Haredim, 하레딤"의 파생어로 초 정통(혹은 Haredi, 하레디)유대인 공동체를 말합니다. 그들의 이름이 의미하듯이 하레딤은 하나님이 두려운 사람들입니다. 하레디 공동체는 이스라엘, 미국(뉴욕시), 캐나다(몬트리올), 벨기에(앤트워프), 영국(런던) 과 같이 전 세계의 중심부에 있습니다. 하레딤은 철저한 유대율법의 준수와 현대 사회로부터 스스로를 고립시키는 특징이 있습니다. 하레디 사회의 유대인은 믿음이 아닌 행위에 삶의 중심을 둡니다.

그들의 대부분은 대도시에 살지만 하레딤은 그들을 둘러싼 주변의 문화와 단절되어 있습니다. 세상에 휩쓸리지 않으려는 하레디 공동체는 뉴스, 스마트 폰, 텔레비전, 컴퓨터, 그리고 인터넷까지도 검열하는 노력을 쏟아 붓습니다. 크리스천들은 소외된 종족을 생각할 때, 아프리카나 아시아의 외딴 지역을 떠올릴 것입니다. 그러나 하레딤이야말로 전 세계에서 가장 소외된 사람들입니다.

하레딤이 좀 다를지라도 그들을 일반화하거나 편견을 가지고 보지 않도록 해야 합니다. 특히, 우리가 기도하고 섬기기를 구할 때는 말이죠. 그보다는, 그들을 향한 아버지의 사랑이 우리의 마음에 채워지기를 하나님께 간구 합시다. 이 소외된 공동체를 위해서 함께 중보기도를 해주시겠습니까?

무릇 마음이 가난하고
심령에 통회하며
내 말을 듣고 떠는 자
그 사람은 내가 권고 하려니와.

(이사야66.2)

기도 포인트

당신의 자녀들을 위해 기도하고 중보할 기회를 주신 하나님을 찬양합니다. 우리가 하레딤을 위해서 기도할 때, 하나님께서 사랑과 긍휼의 마음을 주시길 간구합시다.

거룩함으로 하나님께 헌신하는 하레딤은 우리들에게 좋은 예시가 될 수 있습니다. 기도의 여정을 시작하며, 우리 안에 정한 마음을 창조하시기를 (시편 51.10) 간구하십시오.

하나님께서는 우리가 "그분의 말에 덜덜 떠는" 이 것이 아닌, 두려움을 몰아내고 그분의 완벽한 사랑을 경험하는 사람이 되기를 원하십니다. (요한1서4.18) 하레딤 공동체가 이런 하나님의 사랑에 마음을 열도록 기도해 주세요.

전 세계의 하레딤

로스엔젤레스···●

시카고···●
●···몬트리올
●···토론토
●···뉴욕

●···마이애미

런던 ●
●···앤트워프
파리

●···텔아비브
예루살렘

●···요하네스버그

멜버른···●

그들은 우리의 이웃일 수 있지만, 세상과는 고립 되어 있습니다. 하레딤은 외부인들, 특히 크리스천들이 자신들의 생존을 위협한다고 생각합니다. 이러한 인식은 복음의 개입을 시도할 때 큰 장애물이 됩니다. 그러나, 우리는 이 장애물들 속에서 틈을 열어 주신 하나님을 경험했습니다. 여러분들이 기도하실 때, 하레디 생활권의 중심부를 표시한 이 지도 위에 손을 얹으시길 권합니다. 하나님께 하레딤의 마음을 여시고, 성령님과 그분의 일꾼들을 각각의 추수 장소에 보내주시기를 간구해 주십시오.

추수할 것은 많되 일군이 적으니
그러므로 추수하는 주인에게
청하여 추수할 일군들을
보내어 주소서 하라.

(누가복음10.2)

간략한 하레딤의 역사

바알 셈 토브에 관련된 많은 이야기와 전설이 있습니다. 전해오는 이야기에 따르면, 이스라엘 벤 엘리저 (바알 셈 토브)는 18세기 동유럽에서 고아로 자랐습니다. 그 당시 많은 유대인 가족들은 너무 가난하여 자녀들에게 토라를 가르칠 여력이 없었고, 교육받지 못한 유대인들은 부유한 소수의 탈무드 학자들에게 무시를 당했습니다.

이스라엘은 생계를 위해서 일은 했지만, 비밀리에 성자들과 공부하며 기도했습니다. 전해진 바로는 이스라엘의 16세 생일에 예언자 엘리야가 나타나 믿음이 충만한 작은 자의 기도가 많이 배운 현인들의 기도보다 능력이 있음을 알려 줬다고 합니다. 마침내 이스라엘은 바알 셈 토브라는 명칭을 받았고, 그 의미는 "명성의 대가"(하나님의 이름, 이것을 통하여 기적이 행해진다)입니다. 그는 "문맹 유대인의 소박한 축복이 상급의 토라 공부만큼 성스러운 것이고…… 기쁨과 겸손은 존중받아야 하고, 소박한 농민도 강렬한 기도로 하나님을 섬길 수 있다"[1] 고 가르쳤습니다. 바알 셈 토브는 하시딕운동의 창시자입니다.[2]

하레딤은 모세 시대부터 여러 시대를 걸쳐 본인들이 가장 독실하게 유대인의 발자취를 따른다고 생각합니다. 더 정확히는, 유럽의 유대인 사회가 더 현대화, 혹은 "세속적으로" 되어가는 것을 전통 유대인들이 반대하던 1800년대 초반에 하레디 운동이 시작됐습니다. 하레딤은 바깥 세상과의 접촉을 피하기 시작했고, 그들의 전통을 준수하는데 더욱 엄격해졌습니다. 그리고, 토라를 따르는 삶으로 돌아오라고 유대인들에게 외쳤습니다.[3]

하레딤은 두 주류인 하시딕(Hasidic)과 에쉬비쉬(Yeshvish)로 분류됩니다. 하시딤(히브리어 자애로움에서 파생된 이름)은 유대교를 좀 더 신비롭고 영적으로 포용했기에, 평범한 농부부터 대단한 율법학자까지도 받아들이기 쉽습니다. 하시딕 공동체 자체도-새트마(Satmar,) 보보버(Bobover), 차바드-루바비치(Chavad-Lubavit)를- 포함한 소그룹으로 나뉘는데, 각각 레베(rebbe-최고의 영적 리더)가 제시하는 믿음을 붙잡고 실천합니다.

백 년이 넘는 세월 동안, 랍비 리더들은 탈무드 공부에 집중하지 못한 하시딤을 무시했습니다. 오늘날, 그러한 랍비를 따르는 자들을 예쉬비쉬 "Yeshivish"라고 부르는데, 그들의 중심이 예쉬바(yeshivas-유대학교)이기 때문입니다. 또 그들의 출신지인 리투아니아를 따서 리트비쉬 "Litvish" 라고도 불립니다.[4]

하레디 공동체에는 변화가 없는 것처럼 보였지만, 18세기, 19세기 유럽과는 엄청난 차이를 보입니다. 젊은 하레딤은 그들의 삶에 대한 더 많은 의문을 갖고 있고, 바깥세상과 교류하고 싶어하는 요구로 공동체를 압박합니다. 이러한 질문과 호기심을 축소시켜야 하기에 오늘날의 하레디 공동체가 과거보다 더욱 배타적이고 엄격하게 되었을 수도 있습니다.

기도 포인트

- 예수님이 말씀하시길, "모세를 믿었더라면 또 나를 믿었으리니 이는 그가 내게 대하여 기록하였음이라"(요한복음 5,46). 하레디 공동체가 존중하는 모세와 관습들이 예수님이 메시아임을 깨닫는 통로로 쓰임 받도록 기도해주세요.

- 하레딤에게 새로운 마음을 주셔서 그들이 영과 진리 (요한복음 4.23)로 예배 하도록 아버지께 기도해주세요.

---

1. Peretz Golding, "The Baal Shem Tov- A Brief Biography," Chabad.

2. Adapted from "Rabbi Yisrael Baal Shem Tov," Jewish Virtual Library; Golding, "The Baal Shem Tov-A Brief Biography."

3. Raysh Weiss, "Haredim (Charedim), or Ultra-Orthodox Jews," My Jewish Learning.

4. Weiss, "Haredim(Charedim) or Ultra-Orthodox Jews"; "The jewish people of North America", Global Gates; Shmolo Fischer,"Annual Assessment;The situation and Dynamics of Jewish People 2016," The Jewish People Policy Institute.

일상생활
성별 역할과 규범

무엇보다 먼저 기도합니다.

에티는 여섯 자녀가 잠들어 있는 작은 방으로 아이들을 깨우러 갑니다. 걸어 다닐 공간조차 부족한 작은 방 침대 밑에서 능숙하게 대야를 꺼냅니다. 유대 율법은 일어나서 6피트(180센티미터)를 걷기 전에 손 씻기를 규정하고 있습니다. 그러나 손 씻기 전에 반드시 "살아계시고 영원한 왕 당신께 감사하고…"라고 기도를 해야 합니다.

자녀들이 옷을 입을 때, 에티는 어린 자녀들에게 오른쪽 신발을 먼저 신도록, 그러나 왼쪽 신발끈을 먼저 메도록 상기시킵니다. 왜냐하면, 테필린(tefillin-유대교 기도도구)을 왼쪽 팔에 묶여야 하기 때문입니다.[5] 그 후의 아침 일상은 또 다른 배움과 종교적 일과를 위한 준비로 바쁩니다. 에티의 일과는 기도로 마무리되는 시간이 오기까지 순식간에 지나갑니다.

허구적 이야기

서구의 사회는 개성과 자립을 중시합니다. 성별과 관계없이 성취감을 느끼도록 스스로를 표현하고, 교육받고, 직업을 갖는 능력을 가집니다. 하레디 공동체는 그 반대가 진리입니다: 성별의 역할이 엄격히 구분되고, 태어나서 죽을 때까지 모든 삶의 방향이 통제됩니다.

하레디 남자가 할 수 있는 가장 훌륭한 일은 탈무드와 랍비 문헌 공부를 하는 것입니다. 소년들도, 결혼한 남자들도 여력이 된다면 하루 종일 공부합니다. 그래서, 여성들이 가정을 돌보고 경제적인 지원도 하는 것은 흔한 일입니다. 일반적인 하레딤은 다산(보통6~8명)을 하기 때문에, 지속적으로 생활비를 확보하는 것은 결코 쉬운 일이 아닙니다.

순결을 장려하기 위해서, 다른 성별은 분리를 시킵니다. 남성들과 여성들은 다른 가족과는 간단한 악수 조차도 허용되지 않습니다. 가장 엄격한 종파는 길에서도 남녀가 다른 쪽으로 걸어야 하고 버스에서도 서로 다른 위치에 앉아야 합니다. 소년들과 소녀들은 각기 다른 학교를 다니고, 남자들은 여자들의 노래소리 조차도 들으면 안됩니다.

하레딤은 대체적으로 어릴 때 결혼하는데, 종종 20살 이전에 하기도 합니다.결혼은 가족이나 중매자에 의해 만남이 이뤄집니다. 대부분의 젊은이들에게 허락이나 거부할 권리가 주어지긴 하지만, 연장자들의 뜻을 따르도록 권고를 받고, 좋은 만남을 갖도록 강요받습니다.

하나님이 자기 형상 곧
하나님의 형상대로
사람을 창조하시되
남자와 여자를 창조하시고
하나님이 그들에게 복을 주시며.

(창세기1.27-28)

---

5. Learn more about these rituals in Lorne Rozovsky,"Jews and Shoes" and "The Laws Upon Awakening in the Morning" Chabad

기도 포인트

하나님이 하레딤을 특별하게 만드셨고, 각 개인을 사랑하심을 그들이
깨닫도록 기도해주십시오 (시편 33:15).

건강하고 사랑스러운 결혼생활이 하레디 공동체 안에 자리잡도록
기도해주십시오.

여성

야는 5명의 아이가 있고 이번 달에 6번째의 출산을 앞두고 있습니다. 우리는 그녀를 방문하여 집안일을 돕고 아이들의 숙제도 봐주었습니다. 우리는 그녀에게 예수님을 통해 하나님의 사랑을 받아들였다는 간증을 했으며, 우리가 받은 축복을 다른 이들에게도 나누고 싶어한다고 전했습니다. 그녀는 고마움을 표시하였고, 우리가 다시 방문해 주길 바랐습니다. 그러나 그녀의 남편은 랍비에게 이 사실을 알렸고, 랍비는 우리를 집에 들이지 말라고 말했습니다. 그 이후, 부부는 우리의 방문을 거절했습니다. 우리는 멀리에서 계속 그녀를 위해 기도했습니다.

이번 주에는 하나님께서 라야에게 식료품과 옷을 전달하라는 감동을 주셨습니다. 우리가 도착했을 때 그녀는 "당신들이 저를 도우려고 천국에서 오셨군요."라며 외쳤습니다. 저는 그녀의 자녀들과 공원에서 놀아주었고, 팀 동료는 라야에게 예레미아31장 31~34절로 시작하는 복음을 설명했습니다. 그녀는 우리에게 많은 것들을 물어보았고, 자신의 공동체를 존중해주는 모습을 보며 크리스천에 대한 인식이 바뀌었다고 말해주었습니다.

전도 팀이 보내온 실화

폐쇄된 공동체 중에서도 가장 폐쇄적인 하레디 여성 공동체에게 복음을 전하는 것은 엄청나게 힘든 일입니다. 여성의 주 역할은 남편의 토라 학습을 지원하고 "생육하고 번성하는" 것입니다 (창세기1.28). 우리가 잘 알고 있듯이 아내로서 엄마로서의 일은 진심으로 값진 것입니다. 그러나 하레디 여성들은 개인적인 선택과 합법적 신분을 갖지 못합니다. 여성들은 엄격한 기준에 잡힌 채로 감시 당하며, 또, 한 가정을 책임지기도 바쁘기 때문에 하레디 남자들보다 더욱 고립되어 있습니다.

하레디 여성들은 최고의 정숙함을 유지합니다. 랍비는 시편45.14("궁전 안 공주의 모습이 화려하다"[6])를 여성의 아름다움은 개인적인 공간인 집에서 남편에게만 보여야 한다는 의미로 해석합니다. 더 나아가, 남자들이 토라 공부하는데 방해가 되지 않도록 여성들의 모습과 얼굴을 책이나 사진에서 지워버립니다. 어떤 경우는 불행한 일이 공동체에 닥쳤을 때, 랍비는 여성들의 부족한 정숙함이 원인이라고 치부해 버립니다.

여성들은 이런 기준을 삶의 현실로 받아들이고, 그들이 가진 공동체의 강한 안전망 - 예를 들어 잔치나 보육 문제 등을 서로 도우며 해결하는 것과 맞바꾸고 있습니다. 여성들은 결코 홀로 시간을 보낼 수가 없습니다.[7] 동시에 집안의 부끄러움이 될까 하는 두려움에 사로잡혀 숨이막히고, 하나님의 창조 목적인 각 개인으로서의 번영을 누릴 수 있는 기회가 부족합니다.

그때에 처녀는 춤추며
즐거워 하겠고,
청년과 노인은 함께
즐거워 하리니…
그들을 위로하여
근심한 후에
기쁨을 얻게 할 것
임이니라

(예레미아31.13)

---

6. Psalm 45:14, *Complete Jewish Bible.*

7. Yaron Yadan, "The status of Women in Public and Social Roles." Daat Emet.

기도 포인트

라야와 그 가족을 위해서 기도해 주세요. 그들이 사람을 두려워하지 않고 하나님을 더 신뢰하기를, 주께서 그들의 필요를 채우시고, 그들이 주님을 신뢰하는 것을 배우도록 기도해주세요.

하나님께서 소외된 하레디 여성들에게 더 많은 전도의 통로를 만들어 주시길 기도해 주십시오. 그들이 크리스천들과 교류하고, 하나님께서 그들을 섬기고 복음을 전할 길들을 열어 주시길 기도해주십시오.

예수님이 소외된 여성들을 우물가에서 만나 주셨던 것과 같이 하나님께서 기적적으로 이 여성들이 있는 장소에서 친히 만나 주시길 기도해주세요 (요한복음4)!

하나님의 도우심으로 그들이 받은 제한적인 교육으로도 직업을 가지도록 그래서 가족에게 필요한 음식과 옷, 그 밖의 다른 필수품들을 공급할 수 있도록 기도해주세요. 하나님께서 그들이 맡은 많은 일들을 잘 감당하도록 힘주시길 기도해주세요.

어린이

세계적으로 초 정통파 유대인들은 유대 공동체 분파 중에서 가장 빠르게 성장하고 있습니다. 현재 이스라엘, 북 아메리카와 서구 유럽을 합한 숫자는 대략 1,500만명에 이릅니다. 하레딤은 번성하라는 명령을 신중하게 받아들입니다. 각각의 아이들을 소중한 선물로 받아들이고 홀로코스트로 희생된 수백만의 생명들을 보충 시키는데 전념합니다. 이스라엘의 연방 통계청에 따르면 2060년경에는 하레디의 인구가 지구 전체 유대인 인구의 50%를 차지할 것이라고 전망합니다.[9] 이것이 바로 우리가 이 유대인 공동체의 다음세대에 관심을 갖고, 그들을 향한 하나님의 큰 사랑의 계시와 함께 기도해야 하는 이유입니다.

하레딤은 가정 생활을 중시합니다. 금요일마다 가족들은 샤밧식사를 위해 테이블에 둘러 앉습니다. 길거리에는 어린 아이들끼리 손을 잡고 걷고, 옆에서 아빠 엄마가 유모차를 미는 모습들이 종종 보입니다.

그러나, 공동체 안에서 친척이나 종교 권력자로부터의 성폭행 같은 아동 학대도 일어납니다. 슬프지만 이런 일들은 숨겨지고, 정의는 찾아볼수 없습니다. 바깥 세상에는 소수의 상황만 알려집니다.

하레디 공동체를 떠난 아디나는 성직자였던 삼촌에게 성폭행을 당했습니다. 아디나가 어른이 되어 엄마에게 성폭력에 대해 털어 놓자 엄마는 "오, 언니도 당했다고 하더라" 라며 말했고, 아디나가 왜 자신에게 경고 하지 않았냐고 묻자 엄마는 "난, 네가 극복할 줄 알았지."[10] 라고 대답했습니다. 성적인 죄와 학대가 만연한 이 공동체를 위해 우리는 반드시 맞서서 기도해야 합니다.

예수께서 이르시되,
"어린 아이들을 용납하고
내게 오는 것을 금하지 말라
천국이 이런 자의 것이니라."

(마태복음 19.14 KRV)

---

8. Joseph Berger, The Pious Ones: The World of Haisim and Their Battle with America, 28-29, 32.

9. Israrel Kasnett, "The Future of Israel's 'Haredi' Population; Is it Growing or Shrinking?" Jewish News Syndicate.

10. Lynn Davidman, Becoming Un-Orthodox; Stories of Ex-Hasidic Jews, 51.

기 도 포 인 트

이 공동체에서 자행되는 학대에 대해 대적기도를 해주세요.
집이 안전한 장소이기를 기도해주십시오.

각 가정의 남편, 아내, 아이들이 서로 사랑하고 하나님의 사랑
을 알도록 기도해주십시오.

우울증과 사투하면서, 사랑 없는 관계에 갇혀 있다고 느끼지만,
수 많은 아이를 낳아야 하는 부담 속에서 살고 있는 여성들을 위해
기도해주세요.

교육

난 배우는 걸 사랑하지 않았던 적이 없었다. 난 항상 호기심이 많았으나, 학교에서는 내가 공부하고 싶어하는 학습을 제공하지 않았다. 내가 고등학교를 졸업할 무렵, 내 수리 능력은 4학년 수준에 머물러 있었다. 문학은 정해 놓은 부분만 읽었다. 호기심과 지식을 넓히고 싶던 나의 욕구는 주변인들이 믿고 있는 하나님의 뜻과는 상반된 것이었다.

우리의 지식에 한계를 두는 것이 진정 하나님의 뜻일까 하는 의문이 들었다. 만약 그것이 그분의 뜻이라면, 왜 나에게 지식에 대한 갈망을 주셨을까?

내 교육의 여정을 통해, 하나님 안에서 믿음을 잃지 않고도, 자신의 문화와 사회적 구성에 의문을 가지는 것이 괜찮다는 것을 이해하게 되었다.

하레디 공동체를 떠난 젊은 여성의 간증

"초 정통파 랍비는 "이 율법책을 네 입에서 떠나지 말게 하며 주야로 묵상하라" (여호수아 1.8)를 토라에 직접적으로 적용시킵니다. 그래서, 기도, 식사, 수면시간 그리고 화장실 가는 시간을 제외한 모든 시간에 토라를 공부하는 것이 당연시됩니다."[11]

남자 아이들은 유대 주석이 달린 토라 공부를 하는 것에 초점이 맞추어져 있습니다. 예쉬비쉬 공동체에 있는 남자 아이들은 일반(세속) 교육도 받습니다. 하시딕 분파의 초등 학교 남자 아이들은 영어와 수학을 매주 짧은 시간만 받게 하고, 역사나 과학 같은 과목들은 없습니다. 이러한 최소의 일반 교육도 고등학교부터는 없어집니다. 하루에 최고 13시간 토라 공부를 하기 때문이죠. 많은 하시딕 남성들은 자신의 거주지에서 통용되는 언어를 배우지 못합니다.[12]

하레디 소녀들은 토라를 공부하도록 요구 받지는 않습니다. 사실상 제지받고 있죠. 명성있는 유대 학자 마이모나이드(Maimonides)는 "현자가 이르되 여성은 배움을 받으려고 태어난 것이 아니니, 딸들에게 토라를 가르치면 안 된다."고 밝혔습니다.[13] 여자 아이들은 정결의 가치를 배우고, 샤밧의 율법과 좋은 아내, 좋은 엄마가 되는 것을 배웁니다. 일자리를 찾기 위한 목적으로 철저히 제한된 세속의 교육을 받기도 합니다.[14]

2019년, 이스라엘의 하레딤 중 남성 9%, 여성 12%가 고등교육(전문/대학)을 계속 원한다는 보고가 있었는데,[15] 최근에는 그 숫자가 증가하고 있다고 합니다.[16]

내가 주의 법을 어찌
그리 사랑하는 지요!
내가 그것을 종일 묵상 하나이다.

(시편119.97)

11. yaffed, "Why Does Yaffed Fight for the Education of Hasidic Boys and Not Girls?"

12. Mosed Krakowski, "What Yeshiva Kids AreActually Studing All Day." Forward; Fischer, "Annual Assesement; The Situation and Dynamics of Jewish People2016"; Leslie Broady, "Investors Say 26 Yeshivas Fall Below New York's Education Standards," The Wall Street Journal.

13. Rahel Berkovits, "Maimonides," Jewish Women's Archive.

14. Yaffed, "Fight"

15. Lee Cahaner and Gilad Malach,"Statistical Report on Ultra-Orthodox Society in Israel; 2019, "The Israel Democracy Institute."

16. Gilad Malach and Lee Cahaner,"Statistical Report on Ultra-Orthodox Society in Israel;2020, "The Israel Democracy Institute."

기도 포인트

크리스천으로서 하레디 공동체의 토라를 향한 헌신은 우리가 배워야 합니다. 하나님의 말씀이 소중하고
필요하다는 고백으로 시작하면 어떨까 합니다. 시편 110:97~104를 기도해봅시다.

배움을 원하는 사람들(고등교육을 원하는 여성포함)이 얻을 수 있는 자료와 기회를 갖도록 기도해주세요.
이런 배움을 통해 하나님과 만나는 문이 열리도록 기도해주세요.

하시딕 리더들이 주정부와 연방 정부의 교육 지침을 따르도록 기도해주세요.

고용과 빈곤

하레디 남성 슈렘 딘은 공동체를 떠났습니다. 딘은 바깥 세상과 완전히 단절된 그들의 삶과 "진짜"직업에 대한 준비가 없었던 것을 설명합니다. 지금은 여러 아이들의 아버지가 된 그가 취업 면접을 준비할 때의 일입니다. 그의 면접 준비는 '면접 기본서' 같은 책을 구입하거나, 넥타이를 사서 처음으로 매는 방법을 배우고, 유행에 맞는 안경을 구입하는 것이었죠. 딘이 안경점 직원을 대할 때, 완전히 당황했던 것을 기억합니다.

내가 금테 안경을 가리켰을 때, 점원은 "지방시"라 말하며 진열대에서 안경을 꺼내 내 앞에 올려 놓았죠.
"뭐라고 하셨죠?" 라고 묻자,
직원은 다시 "지방시" 라고 말하며, "상표 이름이에요" 라며 끄덕였습니다.[17]

언어의 한계와 세상의 지식이 없는 하레딤이 취업을 하려면, 직장을 찾기 힘들거나, 공동체 안의 낮은 급여 직종을 구합니다. 이스라엘에서는 2018년을 기준으로 초 정통 유대인 남성 50% 그리고 75%의 여성만이 고용되었습니다.[18]

많은 사람들은 모든 유대인들이 부자라고 생각합니다. 그러나, 하레디 사회에서는 정반대입니다. 한정된 생활 기술과 많은 수의 자녀들 그리고, 남성들은 온종일 토라 학습에 매어 있습니다. 하레딤은 세계에서 가장 가난한 유대인일 것입니다. 2020년, 이스라엘에 거주하는 60.4%의 초 정통 유대인 아이들이 빈곤에 시달립니다. - 2019년보다 5% 늘어난 수치 입니다. 8~10명의 자녀들을 가진 하레디의 대가족이 방3개의 아파트에서 북적이며 사는 것은 흔한 일입니다. 많은 하시딕 가족은 공동체나 정부의 도움이 있어야만 생존이 가능합니다. 예를 들어, 윌리암스버그(Williamsnurg)에는 거주자의 반이 무료 식료품 배급소를 이용합니다.[19]

성경은 가난한 자를 향한 하나님의 마음을 말합니다. 많은 하레딤의 경제적 부족함은 하나님의 사랑을 현실적인 방식으로 보여줄 기회가 될 수 있습니다.

> 주 여호와의 영이 내게
> 내리셨으니 내게 기름을
> 부으사 가난한 자에게
> 아름다운 소식을
> 전하게 하려 하심이라.
>
> (이사야61.1)

---

17. Shulem Deen, All Who Do Not Return, 264.

18. Yaffe, "fight."; Malach and Cahaner, "2019 Statistical Report on Ultra-Orthodox Society in Israel; Highlights" The Israel Democracy Institute.

19. Stuart Winer, "Nearly a Third of Israel's Children Live below the Poverty Line-Report, 'The Time of Israel; Yaffed,"Why Does Yaffed Fight for the Education of Hasidic Boys and Not Girls?" Alisa Partlan, Non-Equivalent;The State of Education in New York's Hasidic Yeshivas, Yaffed.

기도 포인트

하레디 공동체에서 가족의 생계를 위해 직업을 구하는 사람들이 직장을 잘 얻도록 기도해 주세요. 가난의 고리가 끊어지도록 기도해 주세요.

하레디 공동체의 물질적 필요를 지원하는 선교 단체를 위해 기도해주세요.

하레딤이 가장 진실된 부: 하나님의 선물인 예수님을 발견하도록 기도해주세요.

지역 사회 활동

훌륭한 자급자족 시스템은 오랜 세월 동안 하레디 공동체를 유지시키는데 도움이 되었습니다. 만약에 당신이 하레디 공동체의 엄마라면, 아기가 한밤중에 쉬지 않고 울 때, 이런 어려움을 홀로 해결하지 않아도 됩니다. 전화 한 통이면 공갈 젖꼭지부터 분유, 흔들 의자까지 제공됩니다. 이러한 서비스를 대여 (gemach)라고 합니다.

혹은, 당신이 혼자 사는 나이든 과부인데 침대에서 떨어졌다면, 이디쉬 어(Yiddish)로 대화하며 율법에 맞게 자신을 보호해 주는 사람이 있길 원할 것입니다. 하츠라(Hatzalah)라고 하는 특수 구급차가 있는데, 그 공동체 안에서는 무료로 운영이 됩니다.

아니면, 고속도로에서 타이어에 구멍이 난 채로 갓길에 차를 세워둔 남성이 샤밧에 늦을까 염려하고 있다면, 챠베림(Chaveirim)이란 곳으로 전화하면, 몇 분 안에 숙련된 도로 도우미(공동체의 지원자)들이 나타나 해결해 줍니다.

하레딤은 필요에 처한 사람들을 보살피기 좋도록 예시들을 만들었습니다. 그들이 하나님의 선물인 예수님 안에서 넓은 관용과 희생의 사랑을 알도록 기도해주세요!

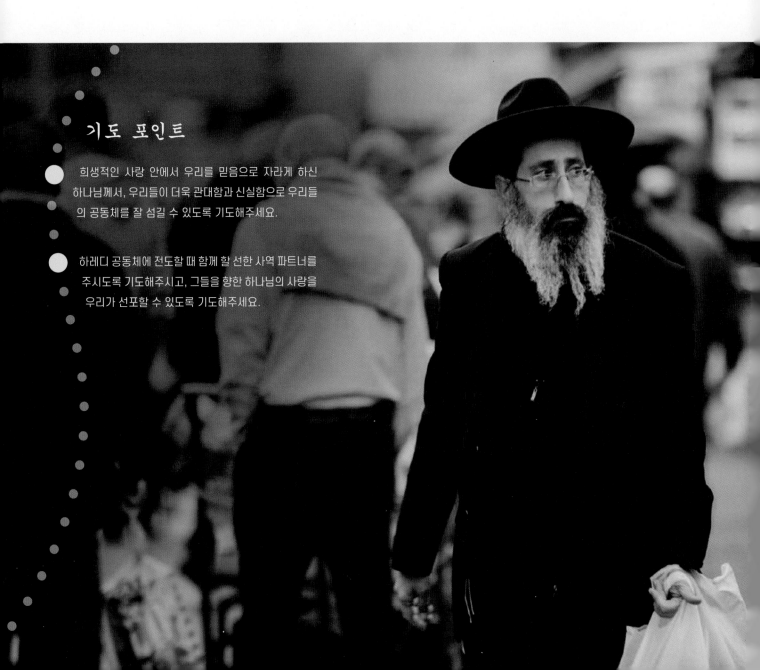

기도 포인트

● 희생적인 사랑 안에서 우리를 믿음으로 자라게 하신 하나님께서, 우리들이 더욱 관대함과 신실함으로 우리들의 공동체를 잘 섬길 수 있도록 기도해주세요.

● 하레디 공동체에 전도할 때 함께 할 선한 사역 파트너를 주시도록 기도해주시고, 그들을 향한 하나님의 사랑을 우리가 선포할 수 있도록 기도해주세요.

에쉬바부터 메시아까지

저는 정통 유대인 집안에서 태어났습니다. 그러나, 제가 십대가 되었을 때, 가족은 초 정통파 회당(Hasidic shul)을 다니기 시작했습니다. 저는 토라를 여러 종교학교(yeshivot)에서 배웠고, 랍비 임명(smicha)을 준비하고 있었습니다. 그러나, 제가 졸업할때쯤, 하나님에 대한 많은 질문들이 생겼습니다. 저는 회당예배에 더 이상 참석하지 않았고, 점차 연례의식과 샤밧 또한 지키지 않았습니다. 의미를 찾는 과정에서 부모님으로부터 독립을 했습니다. 저는 곧 나쁜 무리들과 어울렸고, 그것이야 말로 제 안의 공허함을 잘 다루는 것이라고 생각했었습니다.

그 후, 앤지라는 소녀를 만나 사랑에 빠졌습니다. 한 가지 문제는 - 앤지와 그녀의 가족이 예수님이 메시아라고 믿는 크리스천이었다는 것입니다. 저는 이런 류의 얘기는 유대인에게는 완전히 말도 안 되는 얘기라고 항상 듣고 자랐습니다 - 그렇지만, 앤지의 아버지는 예수님이 전 세계의 유대인과 이방인을 위한 메시아라고 말해주었고, 절대로 읽으면 안 된다고 들어왔던 신약성경을 주셨습니다. 저는 신약성경 속에 있는 많은 유대적 성향에 놀랐지만, 성경을 찬장 뒤로 숨겨버렸습니다.

어느 날 저녁, 자려고 누워서 하나님께 대화를 시도해 보았습니다. 하나님이 정말로 존재하시는지, 저를 혹시 기억하시는지, 예수님이 이스라엘의 약속된 메시아인지를요. 제가 알기는 이스라엘을 구원할 메시아는 다윗의 후손이어야 한다는 것입니다. 크리스천들은 예수님이 다윗의 후손이 아니란 것을 알고는 있을까? 저는 하나님께 제 질문들에 대한 사인을 달라고 간구했습니다.

기도 후, 저는 침대 밖으로 나가 몇 달 전 숨겨 놓은 성경책을 갖고 오고 싶다는 압도적인 갈망을 느꼈습니다. 제 안에는 이 성경에 제가 하나님께 가졌던 모든 질문들에 대한 답이 있을 거라는 이상한 확신이 들었습니다. 저는 성경을 폈고, 펴자마자 마태복음 1장이 나왔습니다. 첫 번째 문장을 읽었을 때 마음을 주체할 수가 없었습니다. "이것은 아브라함과 다윗의 후손 예수 그리스도의(메시아)의 족보이다." 즉각, 이 말씀이 진리라고 깨달아졌습니다. 하나님께서 저의 기도에 응답을 주셨습니다. 가슴에는 사랑이 샘솟았고, 제 삶은 결코 이전과 같지 않을 것입니다.

예쉬바 청년의 간증

THE GOSPEL ACCORDING TO S. MATTHEW

1 The book of the generation of Jesus Christ, the son of David, the son of Abraham.

Abraham begat Isaac; and Isaac begat Jacob; and Jacob begat Judas and his brethren;

And Judas begat Phares and Zara of Thamar; and Phares begat Esrom; and Esrom begat Aram;

And Aram begat Aminadab; and Aminadab begat Naasson; and Naasson begat Salmon;

And Salmon begat Booz of Rachab; and Booz begat Obed of Ruth; and Obed begat Jesse;

And Jesse begat David the king; and David the king begat Solomon of her that had been the wife of Urias;

And Solomon begat Roboam; and Roboam begat Abia; and Abia begat Asa;

And Asa begat Josaphat; and Josaphat begat Joram; and Joram begat Ozias;

And Ozias begat Joatham; and Joatham begat Achaz; and Achaz begat Ezekias;

And Ezekias begat Manasses; and Manasses begat Amon;

믿음과 실천
할라카: 유대 구전 율법

> "**우**리 가족이나 저에게는 샤밧을 지키는 것이 짐이 되거나 어려움으로 다가오기 보다는 아주 아름답고 특별한 시간이었습니다. 샤밧에는 지켜야 하는 많은 규칙들과 규범들도 있었지만, 좋은 휴식의 시간이기도 했습니다. 금요일 저녁에는 에레브 샤밧(Erev Shabbat)을 위한 훌륭한 음식이 준비되고, 토요일 정오에 있을 저녁 식사를 위한 음식이 저온으로 서서히 조리 됩니다. 그 주의 신성한 음악이 울립니다. 금요일 해가 지는 즉시 기분이 상쾌해 짐을 느낍니다. 토요일 오전에는 걸어가서 예배에 참석하고, 식사를 하고 책을 좀 본 후에 낮잠을 자거나 걷고, 아이들과 놀아 줍니다. 어떤 때는 이웃 누군가의 집에서 영적 토론을 위한 여성들의 모임을 가지기도 합니다. 샤밧은 마치 일년에 한번 오는 축제일처럼 최선을 다해 치르는데, 매주 돌아온다는 게 다른 점이죠. "
>
> 하레디 랍비를 오빠로 둔 메시아닉 에스더*의 간증

일반적인 유대교에서는 믿음보다는 행동이 더 중요하게 여겨집니다. 하레디 사람의 모든 삶은 일어나는 순간부터 잠자리에 누울 때까지 미츠보트 (Mizvot) 라고 불리는 기도와 의식, 그리고 규범을 그대로 행합니다. 율법은 기도를 강요하듯이 손 씻고, 옷 입고, 먹고, 목욕하고, 육아하는 방법 같은 것들도 정해진 틀로 강요합니다!

예를 들면, 여성들이 장을 볼 때, 랍비 당국이 허용한 표식이 있는 코셔만 구매해야 합니다. 또한 요리할 때는 고기와 유제품을 절대로 섞으면 안됩니다. 고기류와 유제품을 보관하기 위해 냉장고 2개, 오븐 2개, 그릇 2세트 가 사용되는 가정도 있습니다.

샤밧의 규칙은 하레디 삶의 핵심 부분을 형성합니다. 샤밧을 지키기 위한 노력의 일환으로 하레디 공동체는 39종류의 행위를 "일"이라 간주합니다. 금기된 행위로는 밖으로 물건 들고 나가기, 돈 쓰기, 운전하기, 전등 켜기, 화장지 찢기 등이 포함 됩니다.[20] 이런 규칙들은 버거울 수 있지만 많은 하레딤은 따로 정해 놓은 이 하루를 아름다움과 즐거움으로 생각합니다. 에스더*와 그의 가족이 그랬던 것처럼요.

대부분 미츠보트(mitzvot)의 근원은 성서적 율법이지만, 하레딤(다른 랍비 유대교도 마찬가지)은 수 많은 세월에 걸쳐 더 경건하고 구별된 삶을 위해 여러 개의 규범들을 추가하였습니다. 불행히도, 많은 하레딤이 율법의 중심과 계명을 지켜서 상급을 받는 것을 믿기 보다는 율법의 사소한 룰로 인한 혼란을 겪고 있습니다. 우리에게 올바른 삶을 허락하신 성령님이 그들 에게도 가득하시길 바랍니다 (로마서8.1~4)!

> 그러므로 이제 그리스도 예수 안에 있는 자에게는 결코 정죄함이 없나니.
>
> (로마서 8.1)

---

20. OU Staff, "The 39 Categories of Sabbath Work Prohibited by Law," Orthodox Union.

기도 포인트

● 우리의 행위와는 무관한 사랑과 구원의 선물을 주신
하나님께 감사합니다. 하나님께서 하레딤을 사랑하신다
는 걸 그들이 깨닫도록 기도해 주시고, 또한 그들의 행함
이 아닌, 예수님이 그들을 위해서 행하셨기에 구원이 온다
는 것을 깨닫도록 기도해주세요.

● 하레딤이 겉으로만 단순히 순종하는 것이 아니고, 마음
으로 친밀하게 하나님께 순종하도록 기도해주세요.
(이사야29.13)

● 하레딤이 이번 샤밧에는 진정한 휴식을 경험하도록
기도해주세요 (히브리서 4.9~10).

성경과 랍비의 전통

예루살렘까지 버스로 가는 긴 시간 동안, 나는 멘델*과 대화할 수밖에 없었습니다. 그는 젊은 하레디 남성이었고, 내 옆에 앉아 있었습니다. 우리가 성경에 관해 얘기 할 때, 그는 본인과 레베(rebbe)가 함께 찍은 사진을 보여주었습니다. 레베는 일반적인 랍비가 아니고 하시딕 공동체.최고의 영적 리더인데 높은 수준의 도덕성을 가진다고 간주되고, 추종자들에게 칭송을 받는 사람입니다.

"제가 티쉬(tisch-저녁식사)를 레베 옆에서 하려고 추가로 돈을 냈지요!" 멘델은 흥분해서 외쳤습니다. "그분은 하나님과 함께 하는 특별한 '내면'이 있어요. 그가 아주 성스럽기에 그 옆에 앉기를 바랐던 거에요."

멘델이 말하길 그런 식사 자리에서 손님들은 레베가 남긴 음식을 서로 먹으려고 혈안이 되어 있다고 합니다. 왜냐하면, 그것을 통해 그의 특별한 성스러움을 나눌 수 있는 것이라고 믿기 때문입니다.

실제의 대화를 바탕으로 한 이야기

하레딤은 존중과 확신을 가지고 성경에 접근합니다. 그러나, 탈무드(Talmud)와 미드라쉬(Midrash-고대 주석) 에 지나치게 의존한 분석을 가르칩니다. 각각 작은 구절의 말씀들이 랍비의 해석으로 도배되어 있고, 하레딤은 이런 주석 없이 히브리어 성경을 보지 못하게 되어 있습니다. 성경을 너무 많이 읽으면 하레딤 관계자에게 꾸중을 듣습니다. 유대교는 배움의 과정에서 동반되는 질문들을 수용하는 반면, 하레딤은 랍비에 대한 정확성이나 권위에 대한 의문에는 강력히 반대합니다.

하레딤은 성경 말씀을 규범으로 읽습니다 - 그들은 유대율법에서 정해 놓은 틀에 집중합니다. 이로 인해, 성경 말씀을 구원과 믿음의 통합된 이야기로 보는 크리스천의 관점과는 다른 이해를 만들어내는 것입니다.

내가 주의 증거들을
늘 읊조리므로
나의 명철함이
나의 모든 스승보다 나으며
주의 법도들을 지키므로
나의 명철함이
노인보다 나으니이다.

(시편119.99~100)

기도 포인트

하레딤이 성경을 공부할 때, 하나님의 음성을
명확히 듣고, 전심으로 하나님을 만나도록
기도해주세요.

하레디 공동체의 리더들이 진실하고 경건한 태도
로 사람들을 인도하도록 기도해주세요.

그들에게 구원의 선물인 계시가 임해서 믿음으로
자유함을 얻도록 기도해주세요.

유대 신비주의

카발라(kabbalah-유대 신비주의)에 따르면 한정된 것은 무한하고 현생은 신성하다. 또, 옳고 그름의 답은 옳기도 그르기도 하다고 봅니다. 이런 신비 학문은 유대교와 고대 그리스의 신비한 철학을 섞어 놓은 것입니다. 하레딤은 카발라를 궁극적인 진실로 가는 통로라고 여기고, 자격이 있는 유대인(대개 여성 불 포함)에게만 점진적으로 밝히는 숨겨진 지식이라는 시각을 가집니다.

대부분의 하레딤은 카발라를 의미의 근원지로 평가합니다. 불행히도 많은 견해들이 성경적 진실과는 다릅니다. 예를 들어, 카발라는 우주 전체가 에인 소프(Ein Sof-신)에서 나온 것이거나, 그와 하나라고 가르칩니다.

우리 안에 거하는 신성한 불꽃을 통해 우리 모두가 하나님의 일부분을 차지한다고 합니다. 카발라는 유대 민족이 미츠보트(율법, 선행)를 행함으로 언젠가는 우주가 회복되고, 에인 소프와 하나가 된다고 가르칩니다.

카발라 지지자들은 성육신의 능력을 염원하며, 성경을 하나님의 진실된 언어로 보지 않고, 글자나 단어를 수학적 방식으로 해석하려고 합니다.

우리는 성경적이지 않은 가르침에서 하레딤이 벗어나도록 반드시 기도해야 하고, 예수님 안에서 진정한 하나님의 신비를 알게 되길 중보 해야 합니다 (골로새서 1.27; 2.2).

하나님이 그들로 하여금 이 비밀의 영광이 이방인 가운데 얼마나 풍성한지를 알게 하려 하심이라. 이 비밀은 너희 안에 계신 그리스도시니 곧 영광의 소망이니라...이는 그들로 마음에 위안을 받고 사랑 안에서 연합하여 확실한 이해의 모든 풍성함과 하나 님의 비밀인 그리스도를 깨닫게 하려 함이니.

(골로새서 1:27; 2:2)

기 도 포 인 트

카발라에 관해 성경적인 세계관으로
대화할 수 있는 크리스천들을 세워
달라고 기도해주세요. 세워진 믿음의
자녀들이 카발라를 믿는 하레딤을 상대
할 기회를 갖도록 기도해 주시고, 새로
운 아이디어와 전략으로 복음을 전하게
해주세요.

하레디 공동체의 리더들이 진실하고 경건한
태도로 사람들을 인도하도록 기도해주세요.

그들에게 구원의 선물인 계시가 임해서 믿음으로
자유함을 얻도록 기도해주세요.

예수님의 인지도

어느 날, 공원에서 친구를 기다리는데, 두 명의 젊은 하레디 아이 엄마들, 차바와 레아와 대화를 하게 되었다. 그들은 공손했고, 내 신앙에 대해 궁금해했다.

차바가 물었다. " 얼마나 독실한 크리스천 이세요?"

"어떤 의미죠?"

"어떤 법들을 지키시는데요?"

내게 충격 이었던 것은 우리 크리스천이 "무엇을 믿나요?" 같은 생각을 할 때, 유대인 공동체는 "무엇을 하나요? (어떤 법을 지키나요?)"의 관점에 있다는 것이다.

그리고, 조금 후 내 친구 레이첼이 왔다. 레이첼이 자신은 예수님을 믿는 유대인이라고 그들에게 말하자마자, 레아가 불쾌해 하며 "이방인(goyim)한테는 괜찮겠지만, 유대인은 그를 안 믿어요!" 라고 했다.

반면, 차바는 더 궁금해했다. 몇 주 후, 그녀는 집 근처 메시아닉 센터를 모험 삼아 갔다. 그러나 초 정통파 의상을 입고 흥분된 상태로 들어간 그녀는 너무 쉽게 눈에 띄었다. 또 다시 방문 하기는 너무 위험하다는 생각을 했고, 그 이후 그녀의 소식은 듣지 못했다.

실제의 만남에서 나온 이야기

크리스천들이 성경을 읽을 때, 우리는 *도대체 왜 유대인들은 자기들의 예정된 메시아가 예수님이심을 알아차리지를 못할까?* 궁금해할 것입니다. 답은 좀 복잡합니다. 슬프게도, 어떤 하레딤은 예수님을 저주의 이름으로만 알고 있습니다. 어떤 이들은 막연한 지식만 가지고 있죠; 그분의 존재는 믿지만, 골치 아픈 유대인이었다고 생각합니다. 더 나아가 하레딤은 성경을 아주 다른 시각으로 보는데, 아마도 그것이 예수님을 메시아로 인정하도록 하는 것을 힘들게 했을 것입니다.

전통 시각: 중세에는 "톨레도트 예수-Toledot Yeshu" 라는 변덕스럽고 경멸적인 예수님의 이야기가 돌았습니다. 이스라엘 민족을 우상으로 이끈 사기꾼으로 예수님을 묘사합니다. 하레딤은 이러한 묘사들의 부정확성이나, 성경 자체에서 말하는 예수님을 깊게 생각해보지 못했을 것입니다. 많은 하레딤이 이사야53장을 읽어본 적이 없습니다.

하라카-Halakah(유대율법) 시각: 하레딤 공동체에서는 미츠보트를 지키는 것이 하나님과 연결되는 방법이고 죄에 대한 해결책이라고 믿습니다. 대부분의 하레딤은 메시아가 정치적이고 종교적인 인물이라는 시각을 갖고 있으며, 속죄의 대상이 아니고, 유대인이 토라를 지켜야 하는데 원동력이 될 것이라고 믿습니다.

홀로코스트 시각: 하레디 공동체의 세계관은 홀로코스트에 기반을 둡니다. 많은 하레딤이 홀로 코스트를 유럽의 크리스천과 동일시 하고, "기독교 반유대주의"의 역사에 대해서 가르칩니다. 결과적으로, 대부분 이 기독교를 증오의 종교로 바라봅니다. 그들은 과거에 하레딤을 핍박했고, 개종을 강요한, 그리고 지금도 자신들을 전멸시키려는 소명을 가진 이방인들로 봅니다.

다메섹으로 가는 길에서 사울과 만나신 하나님(사도행전9장)은 하레딤을 만지시려고 인도하시는 그분의 본질적인 성품을 보여줍니다. 최고로 대적했던 사울이 메시아 예수님을 전하는 복음의 전도자로 변화되려면 초자연적인 개입이 필요했던 것 입니다. 우리는 하나님의 초자연적인 능력이 다시 한번 발휘되어, 하레딤에게 빛을 주시도록 기도해야 하겠습니다.

그가 찔림은
우리의 허물 때문이요.
그가 상함은
우리의 죄악 때문이라.
그가 징계를 받음으로
우리는 평화를 누리고
그가 채찍에 맞음으로
우리가 나음을 받았도다.

(이사야 53:5)

기도 포인트

하레딤이 예수님에 관한 진리를 알도록 기도해주세요 (고린도후서 3.14~16).

하레딤이 성경이나, 꿈과 환상, 문학 혹은 다른 방식을 통해서라도 예수님을 만나도록 기도해주세요.

하레디 공동체로 들어가는 복음을 저지하려는 사단의 노력에 맞서는 대적 기도를 해주세요 (고린도후서4.4).

하레딤에게 복음을 전하는 노력이 결실을 맺도록 기도해주세요.

유대 절기를 통한 기도

유대력은 유대인의 역사와 삶의 순간들을 기억하는 기념일의 순환으로 되어있습니다. 레위기23장을 보면 대부분의 절기들은 하나님께서 만드셨습니다. 그 날들은 하나님을 만나기 위해 정해진 시간들이고, 그로 인해 하나님의 구원계획과 자신의 백성들을 보호하시는 그분의 마음을 엿볼 수 있습니다.

9월 / 10월:

로쉬 하샤나 (Rosh Hashanah)
(나팔절, 유대력 새해로 간주)

많은 하레딤이 그들의 신년에 진정한 왕 구세주가 이미 오셨음을 깨닫도록 기도해주세요. 대속죄일로 이어지는 10일간의 경외의 날에 그들이 삶을 재조명할 때 하나님의 영이 그들의 마음을 만져주시길 기도해주세요.

9월 / 10월:

욤 키푸르 (Yom Kippur)
(대속죄일)

하레딤이 지난 한 해를 되돌아볼 때, 예수님을 통해서만 받을 수 있는 용서와 자비가 필요하다는 것을 느끼도록 기도해주세요. 하나님과의 화목을 위해 오신 메시아를 받아들이도록 기도해주세요.

9월 / 10월:

수콧 (Sukkot)
(초막절)

하레딤이 그들과, 그들의 조상들에게 보인 하나님의 임재와 보호를 기억하도록 기도해 주시고, 그들이 새로운 방식으로 하나님께 다가갈 수 있도록 기도해주세요. 새로운 토라 읽기 주기가 시작될 때, 하레딤이 그들을 향한 하나님의 사랑을 새로운 시각으로 볼 수 있도록, 그리고 하레딤의 구원을 위한 하나님의 목적이 말씀을 통해 계시되도록 기도해주세요.

2월 / 3월:

부림절 (Purim)

하레딤이 자신들의 역사에 있는 하나님의 세심한 인도와 보호의 손길을 보며, 오늘날까지 그들을 위해서 지속적으로 행하시는 기적을 믿도록 기도해주세요. 계속되는 반유대주의에 맞서서 기도해주세요.

3월 / 4월:

페삭 (Pesach)
(유월절)

하나님께서 죄와 사망의 깊은 속박에서 자신의 아들 예수님을 통해 하레딤을 구원하셨음을 알도록 기도해주세요. 유월절을 상징하는 것들에 대한 궁금증을 주셔서, 그들의 마음이 메시아를 향하도록 기도해주세요.

5월 / 6월:

샤밧 (Shavnot)
(안식일)

오직 예수님을 통해 우리가 율법을 지킬 수 있듯이 (로마서8.3~4) 하레딤이 예수님을 통해 성령을 받아들이도록 기도해주세요. 호기심을 가진 자들이 신약성경을 접하고, 하나님께서 예수님을 통해서 성취하신 약속에 대해 읽을 수 있도록 기도해주세요.

7월 / 8월:

티샤바브 (Tisha B'av)
(성전 파괴 애도의 날)

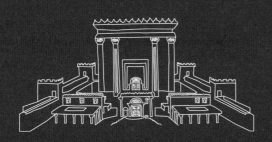

하레딤이 애도의 기간에 염려와 불확실, 혹은 반유대주의자들과 마주쳤을 때, 하나님께로 돌아오도록 기도해주세요. 그들을 향한 하나님의 선하심과 보호하심을 의심하지 않도록 기도해주세요. 유대인의 보호를 위해서 기도해주세요.

바깥 세상과의 직면
반유대주의

2019년 9월 뉴욕주 몬세이에 있는 하시딕 랍비의 집에서 하누카 축하 행사가 있었습니다. 한 침입자가 칼을 휘둘렀는데, 그는 여러 사람들을 찔렀고, 그 중 한 명은(방문차 참석한 랍비) 심각한 부상을 입고 석 달 후에 숨졌습니다. 이 사고는 뉴욕의 유대 회당 밖의 칼부림, 유대 슈퍼 밖에서의 총기 사건 등 넘쳐나는 반유대주의 공격 중의 하나입니다.[21] 반유대주의는 실제이고 불행히도 우리 주변에서 일어나고 있습니다.

역사적으로, 유대인의 힘과 영향력에 대한 과장과, 근처 없는 두려움에 대한 결과로 반유대주의가 생겨났습니다. 불행히도 기독교인과 무슬림의 반유대적 신학이론과 법령들이 수백 년 동안 유대인들의 박해를 초래했습니다. 반유대주의는 하레딤을 포함한 유대 공동체에서 지속적으로 직면하고 있습니다.

하레딤의 평소 의상은 그들이 유대인임을 정확히 보여주고, 종종 다른 유대 공동체보다 더 많은 공격의 대상이 되곤 합니다.[22] 많은 도시들에서 반유대주의는 급격히 늘어나는 추세입니다.[23]

하레딤은 일반 유대인들 사이에서도 신뢰받지 못하고, 고난을 받습니다. 이스라엘에서는 전통과 의식을 중시하는 그들의 열정 때문에 대부분의 하레딤이 국방의 의무를 저버리거나, 일하지 않고 토라 공부만 하면서 복지에 의존한 채 대가족을 부양합니다. 이로 인해, 일반 이스라엘인들 사이에서는 하레딤에 대한 원망이 커지고 있습니다.[24]

반유대주의에는 이스라엘에 대한 확고한 하나님의 사랑에 맞서는 악한 영의 뿌리가 있습니다. 그렇기에, 기도하고, 유대인과 한편이 되어 주는 것이 혐오에 대항하는 핵심입니다.

> 예루살렘을 위하여
> 평안을 구하라!
> 예루살렘을 사랑하는 자는
> 형통하리로다!
>
> (시편122.6KRV)

21. Azi Paybarah, "Rabbi Dies Three Months After Hanukkah Night Attack," The New York Times.

22. See, for example, Pew Research Center, "Jewish Americans in 2020."

23. Ethan Geringer-Sameth, "'We Put Them in the Jewish Community to Protect Our People': City and State Add Permanent Security Cameras to Combat Rise in Antisemitism," Gotham Gazette; "'New and Unique Wave of Antisemitism': 20% of Brits Believe Jews Created Covid-19, Poll Shows," God TV; Jonathan Greenblatt, "The UK Reports at Least 116 Incidents of Antisemitism over the Last 10 Days a 600% Rise," Twitter; Jordan Pike, "Antisemitic Content on TikTok Increases by 912% Study,"The Jerusalem Post.

24. David M. Halbfinger, "Virus Soars Among Ultra-Orthodox Jews as Many Flout Israel's Rules," The New York Times

기도 포인트

- 반유대주의 공격에 맞서는 하레디 공동체의 육적, 영적, 정신적 보호를 위해서 기도해주세요.

- 크리스천들이 유대인을 향한 하나님의 사랑과 그분의 계획에 있는 우리들의 역할에 눈을 뜨도록 기도해주세요.

- 세계의 지도자들과 종교 리더들이 반유대주의에 반대하는 공식적 태도를 취하도록 기도해주세요.

인터넷

슈 렘느 날, 딘이 처음으로 인터넷에 접속한 날, 그의 아내 기티와 나눈 대화를 설명합니다.

그녀가 "그래서… 전화 같은데 말하는 대신에 타이핑을 친다고?" 라고 물었습니다.

전화 같다고? 나는 잠시 궁금 했습니다: 그게 전부 인가? 물론 아니지.

"그냥 낯선 사람이야!"

"왜 낯선 사람과 대화하고 싶어?"

기티를 이해시킬 방법은 없었습니다. 그녀는 나의 호기심을 공감하지 못했고, 내가 원하는 방식으로 세상을 배우는데 관심이 없었습니다. 갑자기, 나는 내가 교류하고자 하는 수백만 명과 접속할 수가 있었고, 곧, 내가 알던 사람들과는 완전히 다른 세상 사람들을 발견했습니다. 나는 돼지고기를 먹고, 샤밧에도 운전하는 유대인을 만났고, 반유대주의가 아닌 걸로 보이는 크리스천들도, 테러리스트기 아닌 무슬림들도 만났습니다.

기티는 예상대로 우리집의 인터넷 사용에 대해 불만이 커져갔습니다.

"랍비가 금지시켰어" 라며 나에게 상기시켜줬습니다.[25]

2012년 5월20일, 뉴욕의 시티 필드 스타디움은 까만 모자와 코트로 넘쳐났는데, 야구팬들이 아닌, 40,000명의 전 세계 하레디 남자들이 인터넷을 비판하고 위험에 대해 설명하기 위해 모였습니다. 하레디 리더들은 인터넷이 공동체의 배타성과 영성을 위협한다고 생각합니다.

그러나, 역설적이게도 인터넷에 반대하는 시위도 인터넷으로 중계되었습니다. 직장에서 컴퓨터와 전화의 필요성이 증가하게 되자, 랍비들이 공동체 안에서 인터넷 접속을 허용하는 몇몇의 예외 사항을 만들었습니다. 대부분의 하레딤은 바깥 세상을 검열하며, 제한된 접속만 허용되는 "코셔" 전화기가 있습니다. 그러나, 비밀리에 많은 하레딤이 일반 전화기도 소유하고 있는데, 가족과 리더들에게는 숨기고 있습니다.

인터넷, 스마트폰, 어플 (랍비가 허용한 것 포함)들은 그들이 정한 안전거리 안에서 세속 세상과의 소통을 하게 해줍니다. 많은 하레딤은 상대적 자유가 주어지는 인터넷에서 가명으로, 다른 사람들의 일상을 찾아봅니다.

인터넷은 복음을 나눌 수 있는 독특한 기회를 제공합니다. 그들이 다른 공동체 사람들에게 질문 받는걸 두려워하기 때문에, 길거리에서 하레딤과 생산적인 대화는 어렵습니다. 그러나, 인터넷 공간에서는 마음이 열린 하레딤은 익명으로, 비밀리에 전세계에 있는 예수님의 사람들과 소통할 수 있습니다.

내 입에서 나가는 말도
이와 같이 헛되이 내게로
되돌아오지 아니하고
나의 기뻐하는 뜻을 이루며
내가 보낸 일에 형통함이니라.

(이사야55.11)

25. Deen, All Who Go Do Not Return, 221, 223.

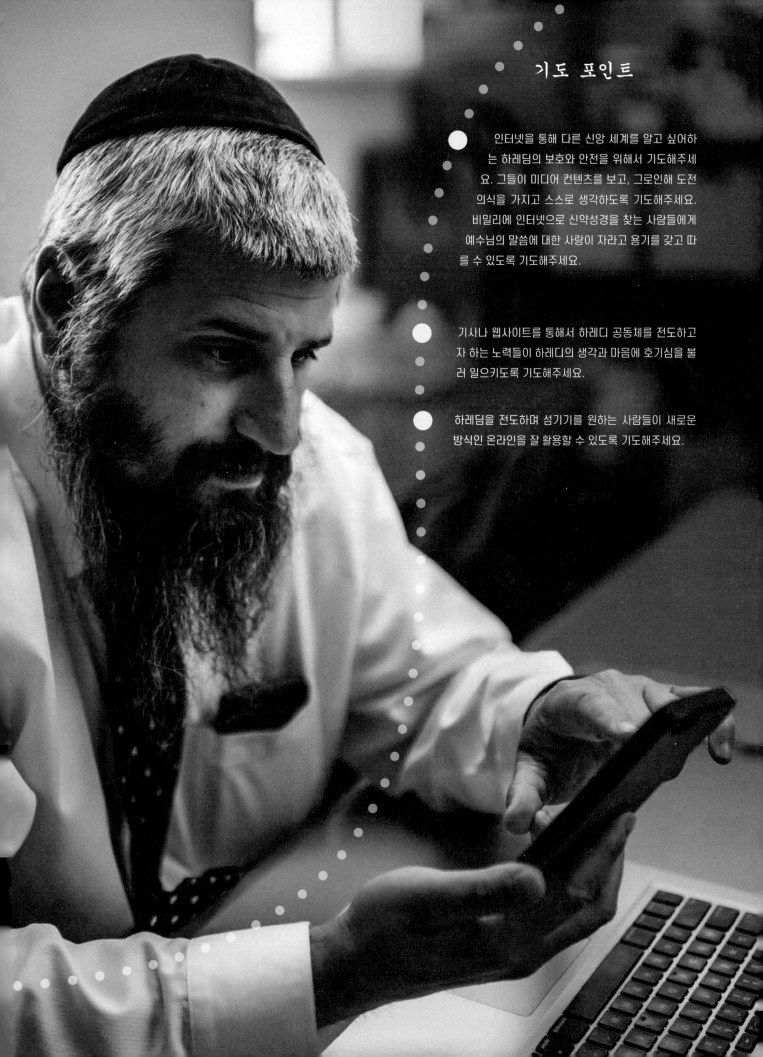

기 도 포 인 트

인터넷을 통해 다른 신앙 세계를 알고 싶어하는 하레딤의 보호와 안전을 위해서 기도해주세요. 그들이 미디어 컨텐츠를 보고, 그로인해 도전의식을 가지고 스스로 생각하도록 기도해주세요. 비밀리에 인터넷으로 신약성경을 찾는 사람들에게 예수님의 말씀에 대한 사랑이 자라고 용기를 갖고 따를 수 있도록 기도해주세요.

기사나 웹사이트를 통해서 하레디 공동체를 전도하고자 하는 노력들이 하레디의 생각과 마음에 호기심을 불러 일으키도록 기도해주세요.

하레딤을 전도하며 섬기기를 원하는 사람들이 새로운 방식인 온라인을 잘 활용할 수 있도록 기도해주세요.

비밀 탐색자들²⁶

> "**다**니가 바에 들어올 때, 그녀는 소박한 차림새였습니다: 길고 어두운 색의 치마, 긴팔 스웨터에 옅은 금빛 가발이 머리카락을 감추고 있었습니다. 그녀가 나에게 안녕이라고 말했지만, 자리에 앉지 않고, 바로 화장실로 향했습니다. 몇 분 후, 나타났을 때는 꽉 맞는 바지에 탱크 톱을 입고, 곱슬거리는 까만 머리를 날리며 들어왔습니다. 모든 시선이 그녀에게 향했는데, 아무도 그녀가 하시딕 유대인이라고 생각하지 못할 것입니다.
>
> "열 명이나 되는 대가족의 장녀인 그녀는 아주 오래 전부터 새로운 정보를 원했어요. 그녀는 자신의 공동체만이 아닌, 바깥 세상 다른 사람들의 삶과 생각도 알고 싶었죠. 예를 들어, 디니가 어릴 적에는, 결혼한 초 정통 유대 여성들이 머리를 삭발하고 스카프나 가발을 쓰고 다니는 것을 보며, 그들은 머리카락 사이를 스치는 바람결이 그리울까에 대해서 궁금해했어요. 그리고, 물론 바깥 세상의 모든 것에 대해서도 알고 싶어했죠: 영화를 보는 건 어떤 느낌일지, 바지를 입는 느낌은 어떨지, 이방인들 집은 어떻게 생활을 하는지, 그리고 그녀가 듣고 자란 대로 그들의 집이 정말로 청결하지 않은지 같은 것들요."²⁷

공동체에서 누군가가 감추어왔던 의심들을 랍비, 선생님, 혹은, 부모에게 표현한다면 이 의심들은 고쳐야 할 문제점으로 보여집니다. 만약에, 그 의심을 가진 사람이 심각한 질문이나 정상(그들 기준)에서 벗어난 행동을 지속한다면, 정신적 건강문제로 진단받고, 전문가에게 보내지거나 공동체에서 쫓겨나기도 합니다.

그 의심들을 자신들의 속에 숨겨 두고 공동체에 남기를 선택하는 하레딤의 대부분은 이중적인 생활을 하게 됩니다. 비밀 탐색자들이 초 정통파에서 멀어지는 계기는 종종 작은 규정을 어기면서 시작됩니다. (예를 들면, 정결하지 않은 햄버거를 먹는 것) 하나님의 즉각적인 처벌이 없는 것을 알고는, 그들은 다른 위반도 시도하게 됩니다.

많은 비밀 탐색자들은 점진적으로 하나님에 대한 믿음을 포기하고, 공동체를 떠나기도 합니다. 그러나 많은 사람들은 삶을 마칠 때까지 공동체에 머물며 이중생활을 이어갑니다. 받은 교육이 부족하고, 기본적인 생활 기술만 가진 그들이 결속력 강한 공동체를 벗어나기는 어려운 일입니다. 오늘날은 10% 정도의 하레딤이 공동체를 떠났다고 추정합니다. 아마도 또 다른 10%도 떠나길 원할 테고, 더 많은 사람들이 탐색을 원하는 초기 단계에 있을 것입니다.

극소수의 비밀 탐색자들만 공동체에 안에서 예수님을 믿게 됐습니다.

너희가 온 마음으로
나를 구하면
나를 찾을 것이요
나를 만나리라.

(예레미야 29:13)

---

26. This section draws upon Ayala Fader, Hidden Heretics: Jewish Doubt in the Digital Age.

27. Hella Winston, Unchosen: The Hidden Lives of Hasidic Rebels, 74-76.

기도 포인트

믿는 우리들에게 길을 잃고, 방황하는 유대인을 향한 사랑이 더욱 자라도록 기도해주세요. 하레딤의 믿음을 막는 장벽을 부서뜨리는 방법을 찾도록 기도해주세요. 많은 하레딤은 그들에게 개종만을 요구하는 크리스천을 조심하라고 배웁니다.

랍비의 전통을 의심하는 하레딤이 무신론이나 세속주의의 거짓에 빠지지 않고, 복음의 진리로 나오도록 기도해주세요.

하레딤 공동체 밖에서의 새로운 적응을 적극적으로 돕는 단체와 사역을 위해서 기도해주세요. 하나님의 주관 아래, "겉모습으로 판단하지 않고 진정한 속사람"을 볼 줄 아는 믿음의 자녀들과 하레딤의 개별적인 만남이 허락되도록 기도해주세요.[28]

28. Deborah Feldman, Unorthodox: The Scandalous Rejection of My Hasidic Roots, 445.

다트라쉼/OTD (전 하레딤)

저는 저는 불과 몇 달 전 하레디 공동체를 떠나온 젊은 여성을 만났습니다. 그녀는 겁 많고, 연약하고 자신감이 없었습니다. 그녀에게는 그녀가 알고 있던 유일한 공동체 밖에서의 삶의 적응을 돕는 멘토가 있었습니다. 그녀는 멘토에게 엄청나게 의존했고, 그와 상의 없이는 무엇을 말할지, 무엇을 해야 할지 알지 못했습니다. 운전을 해본 적도 없고, 기본적인 것을 구입할 줄도 모르고, 문화를 이해도 못하고, 심지어 공동체 밖에서는 어떤 종류의 신분증도 없었습니다. 그녀는 천천히 검정고시를 마치고 운전도 배웠습니다. 공동체에서는 선생님으로 근무했지만, 바깥 세상에서는 자격증으로 인정받지 못했습니다. 그녀는 삶의 급격한 변화에 준비가 덜 된 상태였습니다.

선교 파트너의 간증

해마다, 수백 명의 하레딤이 공동체를 떠납니다. 몇몇은 더 많은 지식이나 기회를 바라지만, 대부분은 탄압과 억압 혹은 지난 아픔의 경험들이 동기가 되어 나옵니다.[29] 사실, 최근 이스라엘 거주 유대인의 설문조사에서는 하레디로 자란 10%가 공동체를 떠난다는 결과가 나옵니다.[30] 북미에서 이런 유대인들을 "OTD(Off the Derech: path)"로 부르는데 "길을 떠나"를 줄인 말입니다. 그리고 이스라엘에서는 욧짐(yotzim) 또는 다트라쉼(datlashim) 이라고 부르는데, 종교적인 삶을 떠난 사람들을 지칭합니다. 많은 사람들이 세속화되지만, 또 다른 사람들은 스스로를 불가지론자로 보거나, 문화적인 유대인, 혹은 덜 까다로운 형식의 유대교를 선택했다고 생각합니다.

다트라쉼이 감당해야 하는 변화는 어렵습니다. 대부분이 자신들의 가족으로부터 외면을 당하거나, 때론 양육권을 빼앗기기도 합니다. 바깥 세상에서 성공하려면 필요한 기술이나 사회성이 부족합니다. 여성 옷 가게에서 일을 시작한 사라를 한번 봅시다. "그녀는 매일 상대하는 낯선 사람들과의 원활한 소통을 위한 작은 제스처나 매너가 익숙하지가 않아요." 공손히 낯선 사람을 맞이하는 것 이라든지, 다음 사람을 위해 문을 여는 예의 같은 것들 말입니다.[31]

각자의 필요가 공급되었던 결속력 강한 공동체에서 왔기 때문에 다트라쉼은 궁핍과, 외로움, 연약함, 심지어 정신적 긴장에 빠지기도 합니다. 일부는 하레디 공동체로 돌아가기도 하고, 일부는 마약에 빠지거나, 안타깝게도 자살을 한 경우도 있었습니다. OTD를 거쳤던 슈렘 딘은 "전체 하레딤 공동체 멤버들의 자살은 증가하고 있다"고 생각합니다.[32]

이제 그들이 더 넓은 사회에 거주하기 때문에, OTD 유대인들에게 더 쉽게 접근할 수 있습니다. 우리는 크리스천들이 그들 곁에서 실질적인 지원, 훈련, 우정을 나누기를 기대합니다.

상심한 자들을 고치시며
그들의 상처를 싸매시는 도다.

(시편 147.3)

---

29. See "Who Are the Yotzim," Hillel.

30. Dan Ben-David, "Doing (Learning) the Math in Israel: Conflicting Demographic Trends and the Core Curriculum," Shoresh Institute.

31. Davidman, Becoming Un-Orthodox: Stories of Ex-Hasidic Jews, 173 4.

32. Shulem Deen, "What Drives Former Haredim to Suicide? And What Can We Do to Stop It?," Haaretz.

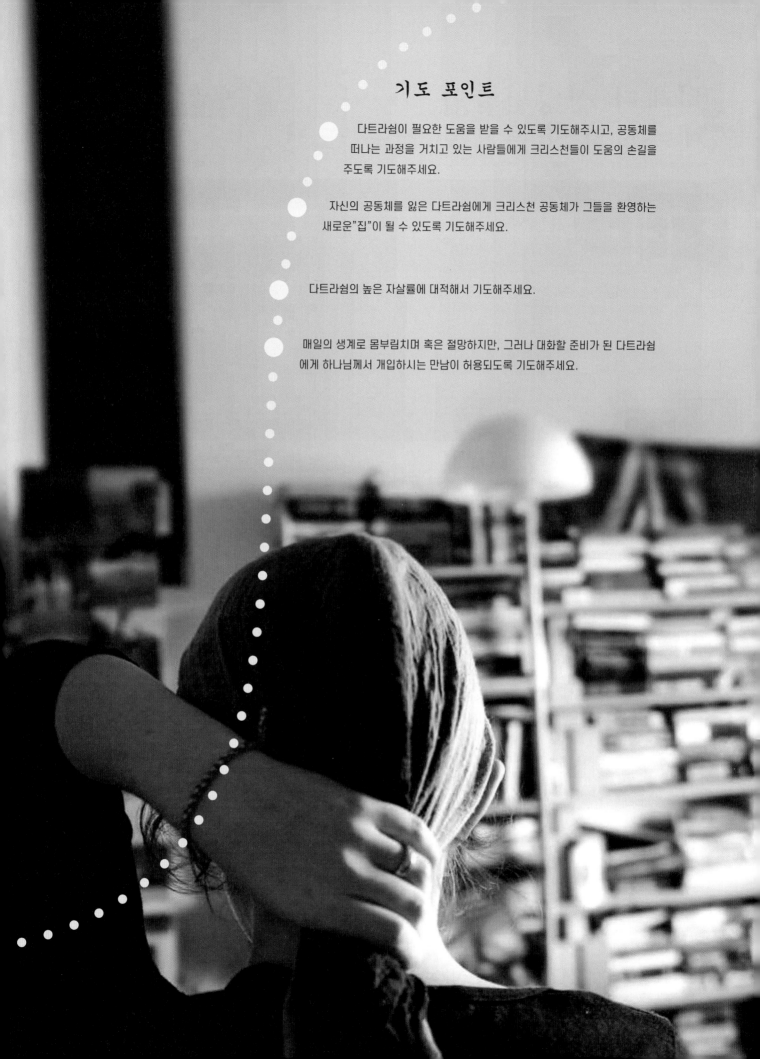

기 도 포 인 트

다트라쉼이 필요한 도움을 받을 수 있도록 기도해주시고, 공동체를 떠나는 과정을 거치고 있는 사람들에게 크리스천들이 도움의 손길을 주도록 기도해주세요.

자신의 공동체를 잃은 다트라쉼에게 크리스천 공동체가 그들을 환영하는 새로운"집"이 될 수 있도록 기도해주세요.

다트라쉼의 높은 자살률에 대적해서 기도해주세요.

매일의 생계로 몸부림치며 혹은 절망하지만, 그러나 대화할 준비가 된 다트라쉼에게 하나님께서 개입하시는 만남이 허용되도록 기도해주세요.

하레디 신앙인들이
예수님의 이름으로 겪는 도전

네이튼이 자신의 아내에게 예수님을 믿는다고 말했을 때, 그녀는 그를 쫓아내며 아이들의 양육권을 뺏기 위해 싸웠습니다. 네이튼은 부모님이라도 이해해주시길 바랐지만, 그들은 배신자로 사느니 죽는 게 낫다고 소리치셨습니다.

네이튼은 26살에 불과 했고, 그의 인생은 한 순간에 뒤집혔습니다. 가족을 볼 수 없었고, 수입도 집도 잃었습니다. 그의 크리스천 친구 캐빈이 거처를 구해주고 일거리도 찾아주었지만, 영어가 부족 했기에 일자리를 유지하려고 엄청 애를 써야 했습니다. 필수품들이 무료로 제공 되는 공동체에서 살았던 그는 새로운 교회 친구들이 식료품이나 필요한 물품으로 도움을 주지 않는 것에 의아했습니다.

네이튼은 예수님을 진심으로 사랑했습니다. 그러나 외로움과 소외감으로 나쁜 습관에 빠졌습니다. 캐빈이 하나님의 용서는 얻는 것이 아니라고 설명을 해주었지만, 네이튼은 좋은 행위를 해야만 하나님의 은혜를 되찾는다고 생각합니다.

실화를 기반으로 한 글

예수님을 믿게 된 하레디 신자들은 힘겨운 도전을 맞이합니다. 그들은 하레디 공동체에서 추방되거나, 지원체제도, 생계도, 친밀한 공동체도, 그리고 가족마저도 잃게 됩니다. 게다가, 직업기술이나 연락할 곳이 없으면서, 언어도 안 되는 그들이 다시 시작해야 하는 세상의 삶은 벅찬 도전입니다.

다수의 하레디 부모는 자식이 믿음을 갖게 됐다는 이유로 장례식을 치르기도 합니다. 예수님을 믿는 하레디 신자들이 정신적, 육체적 학대의 대상, 재교육, 납치의 대상이 되거나, 더 나아가 부모에 의한 살해 시도가 있었다는 이야기도 있습니다. 결과적으로, 하레디에서 예수님을 믿게 된 이들은 악몽, 환각, 정신쇠약, 자해 또는 자살 충동에 시달립니다. 어떤 사람은 믿음 자체를 포기해 버립니다.

감사하게도, 그러한 학대들은 전 세대보다 지금은 줄어 들었습니다. 현재 하레디는 공동체를 "떠났던" 사람들이 돌아오도록 문을 열어 놓는 방법을 모색 중입니다.

예수님을 믿게 된 하레딤 중에 믿음을 숨기며 공동체에 머물기를 선택하는 사람도 있습니다. 한 신자는 거의 백 명에 가까운 손주와 자녀들과 친밀한 관계를 잃기 싫어서 자신의 신앙을 숨깁니다. 그러나, 이런 선택은 위험이 따르고 이중 생활로 인한 스트레스가 있습니다. 숨은 신자들은 대게는 신약성경을 읽을 수 없고, 크리스천 공동체, 혹은 제자훈련도 갖지 못하는데, 배신당하거나 들키는 것에 대한 두려움이 있기 때문입니다.

하레디 신자들은 영적인 손실에 대해서 말하기도 합니다. 어떤 하레디 신자는 매년 열리는 절기 축제일(High Holidays)의 웅장하고 멋진 아름다움에 기독교는 그 무엇으로도 모방 할 수 없을 거라 생각하며, 예수님에 대한 믿음에 의문이 생기곤 했습니다. 하레디 신자들은 이전에는 매일 긴 시간의 교제와 깊은 공부를 하다가, 그 시간들이 일주일에 한 두 번으로 줄어든 변화과정도 힘들어 합니다.

**내 부모는 나를 버렸으나
여호와는 나를
영접 하시리이다.**

(시편27.10)

36

기 도 포 인 트

예수님을 믿는 하레디 신자들의 육적, 영적 보호를 위해서 기도 해주세요. 억압 중에도 하나님께서 그들을 인도하시고 믿음을 지켜주시도록, 그로 인해, 그들이 신앙을 지키는데 실패하지 않 도록 기도해주세요(누가복음 23.32). 주님이 그들을 사용하셔서 자신의 민족을 전도하도록 기도해주세요

공동체를 떠나는 하레디 신자들에게 필요한 현실적인 지원과 물품 그리고 우정을 크리스천들이 공급하도록 기도해주세요. 하레디에 숨어있는 신자들에게 전도하는 크리스천들이 세심한 배려와 지혜로 잘 섬기도록 기도해주세요.

하레딤의 언어인 이디쉬어로 복음을 전할 수 있는 사람을 위해서도 기도해주세요.

숨은 신자들이 예수님을 따르는 다른 신자들과도 교제를 갖도록 기도해주세요.

예수님을 믿는
용기 있는 자녀

내가 사라의 집에 갔을 때, 그녀는 기뻐하며 반겨 주었습니다. 나는 건강이 좋지 않은 그녀를 도와드리려고 방문하였습니다. 첫 번째 방문부터 가족 같은 느낌을 받았습니다. 급하게 필요한 것을 먼저 해결해 드린 후, 그녀는 나에 대해서 알기를 원하셨고, 그 후 자신의 얘기를 들려주었습니다.

수년 전 사라의 남편이 예수님에 관한 금기시된 책과 인쇄물을 집으로 가져왔습니다. 사라는 이런 류의 책자를 볼때마다 갈기갈기 찢어버렸고, 저주하며 침을 뱉어 쓰레기통에 넣어버렸습니다. 몇 년 후, 그녀는 호기심이 생겼고, 소책자를 버리기 전에 목차를 슬쩍 봤습니다. 그리고, 그녀가 읽고 있는 것들이 믿기기 시작하는 것입니다! 그녀의 남편에게 이 사실을 알렸고, 그는 그저 고개를 끄덕였습니다.

사라는 예수님이 이스라엘에게 약속된 메시아라고 확실히 믿지만, 그분에 대해 잘 알지 못했다고 고백합니다. 9명의 자녀와 53명의 손주들, 그리고 건강이 악화되며 스스로 말씀을 읽지 못하고, 그녀와 믿음을 나눌 사람도 만날 수 없습니다. 그녀는 하레디 공동체 중심부에서 - 사람에 둘러 쌓였지만 고독한, 책에 둘러 쌓였지만 그것들을 소화하기에 너무 약한 - 숨어서 예수님을 믿는 자 입니다.

우리는 함께 요한복음을 읽었는데, 그녀는 공감하고 웃으며 고개를 끄덕였습니다. 그녀는 배움에 굶주렸고, 많은 질문을 했습니다. 예수님의 첫 번째 기적인 물로 포도주를 만드시는 부분에서는 예수님이 어머니에게 대답하는 장면이 사라를 당혹하게 했습니다. 그녀는 "착한 유대 소년이 어떻게 엄마한테 이렇게 말할 수 있지?" 라고 소리 높였습니다. 저의 성경지식을 그녀에게 가르치면서, 그녀의 새로운 관점이 저를 깨우치게 하기도 했습니다.

저는 그녀와 계속 학습하기를 바랬지만, 지금은 고인이 된 그녀는 왕 되신 주님과 영원히 함께 하고 있습니다. 그녀의 이름과 추억이 복되고, 그녀의 유산과 업적이 살아 숨쉬길 바랍니다.

사역 파트너의 간증

하레디 공동체를 향한 사역

하레디 공동체 사역의 역사

현대 유대인 선교는 18세기에 시작되었고, 대부분의 유대인이 유럽에 거주하던 19세기에 탄력을 받았습니다. 유럽의 큰 도시들을 중심으로 유대인에게 선교하는것은 성경책 공급, 토론, 공공장소에서의 설교, 선교 건물의 설립, 이디쉬 문학 발전시키기 등을 포함합니다. 유대인들이 믿음을 갖긴 했지만, 그 중 몇 명이 정통파인지는 확실치 않습니다.

홀로코스트가 많은 유대인의 생명을 비참하게 앗아갔습니다. 생존자들은 미국과 이스라엘에 다시 모였습니다.

오늘날, 선교는 온라인이나 일대일 개인적인 대화를 통해 진행됩니다. 하레디 공동체 전체는 복음에 강력하게 반대하지만, 새로운 기회들도 생겨납니다. 주님께서는 각 선교 단체, 도시, 나라에서 사람들을 부르고 계십니다. 그들이 섬기는 마음과 새로운 헌신으로 하레디에게 복음을 전하는 것은 엄청나게 흥분되는 일입니다. 추수할 곡식은 충분합니다. 그리고, 우리가 알듯이 하나님께서는 모든 만물 위에서 높임을 받으십니다.

오직 성령이 너희에게
임하시면 너희가 권능을 받고
예루살렘과 온 유대와 사마리아와
땅끝까지 이르러 내 증인이 되리라 하시니라

(사도행전1.8)

기도 포인트

누구도 닫을 수 없는 문을 여시는
하나님의 새로운 사역이 하레딤 공
동체 가운데 임하기를 기도해주세요
(요한계시록3.7).

하레딤 공동체를 위해 선교하는 사람들이
하나님의 지혜와 통찰력을 가질 수 있도록
기도해주세요. 새롭고 효과적인 전략으로 하
레딤과 메시아의 사랑을 나누도록 기도해주
세요.

온라인상의 더 다양한 복음 콘텐츠의 확장으로 새로운
것들에 관심있는 하레딤이 복음에 스스로 접근할 수 있
도록 기도해주세요.

헌신으로 하레딤을 섬길 더 많은 증인들을 하나님께서 세워 주시길
기도해주세요 (마태복음9.37-38).

이디쉬어 성경 번역

리 바이라는 젊은 남성은 굉장히 엄격하고, 고립된 하시딕 공동체에서 자랐습니다. 그는 수년 전에 율법준수는 그만 뒀지만, 아직도 하나님을 믿고 있고, 자라며 함께 한 많은 전통들은 계속해서 따르고 있습니다. 리바이에게 이디쉬어로 번역이 된 신약성경이 주어졌고, 그는 그 자리에서 읽기 시작했습니다. 그가 마태복음11장28-30절을 읽는데: "수고하고 무거운 짐 진 사람들아, 다 나에게 오너라. 내가 너희를 쉬게 하겠다." 리바이는 "와우, 이런 것이 있는 줄 몰랐어요!" 라고 말했습니다. 그는 자신이 읽은 말씀에 감동을 받았고, 이디쉬어로 예수님의 말씀을 볼 수 있다는 사실에 놀랐습니다.

사역 파트너에게서 온 실화

여러 해 전에, 하레딤의 일상 언어인 이디쉬어로 된 복음자료들이 충분히 없다는 것을 알게 됐습니다. 청년 한 명이 계속 메시아닉 센터를 방문하며, 복음을 이디쉬어로 설명해 줄 수 있느냐고 물었습니다. 증가하는 공동체 인원과 늘어나는 관심은 우리가 반드시 이디쉬어 복음자료들을 개발시켜야 해야 한다는 확신에 힘을 보태 주었습니다.

그 이후, 이러한 비전이 이뤄지도록, 주님께서 문을 여셔서 연결해 주셨습니다. 예를 들면, 초 정통파 배경을 가지고 이디쉬어에 능통한 젊은 유대인 신자가 도움을 주러 들어왔습니다. 충직한 일꾼들이 아래의 자료들을 개발했습니다:

- 이디쉬어로 번역된 예수님 영화
- 초 정통파의 유대인 기도책자 비슷한, 눈에 띄지 않고 주머니에 쉽게 들어가는 히브리어-이디쉬어 소책자
- 히브리어-이디쉬어, 2개의 웹사이트 (진행중)
- 이디쉬어로 신약성경을 디지털화하고 검색 가능한 형태로 만듦.
- 초 정통파 유대인 기도책자와 비슷한 마태복음과 메시아 관련 시편을 묶은 이디쉬어 소책자

오늘날 선교 동역자들이 언어와 설명 노트를 업데이트해서 이디쉬어 신약성경을 개정하는 중입니다. 이디쉬어 신약성경은 하레딤이 예수님의 소망에 대해 듣기 위한 필수적인 수단입니다.

> 주의 빛과 주의 진리를
> 보내시어 나를 인도하시고
> 주의 거룩한 산과 주께서
> 계시는 곳에 이르게 하소서.
>
> (시편43.3)

기도 포인트

하레디 배경을 가지고 있는 유대인 신자들이 이디쉬어로 된 번역을 정확하게 이해하도록 기도해주세요.

이디쉬어 신약성경 웹사이트(yiddishnewtestament.org)를 통해 하나님이 동행하시길 기도해주세요. 먼저 많은 이들이 읽게 하시고, 삶을 변화시키는 복음의 메시지를 받아 들이도록 기도해주세요.

"그런즉 그들이 믿지 아니하는 이를 어찌 부르리요. 듣지도 못한 이를 어찌 믿으리요. 전파하는 자가 없이 어찌 들으리요" (로마서10.14) 를 놓고 기도해주세요. 하레디 공동체에 이디쉬어 복음자료들이 전해지길 기도해 주시고, 이디쉬어를 사용하는 증인들이 나타나도록 기도해주세요.

하레딤의 영적 돌파를 위한 기도:
이방인의 관점

그를 향하여 우리가 가진 바 담대함이 이것이니
그의 뜻대로 무엇을 구하면 들으심이라
우리가 무엇이든지 구하는 바를 들으시는 줄을 안즉
우리가 그에게 구한 그것을 얻은 줄을 또한 아느니라

(요한일서5.14-15)

중국 선교사로 나간 프레이저는 악한 영과 싸우면서, 그 싸움은 기도를 통해서 만이 이길 수 있다는 걸 깨달았습니다. 그는 고국 영국에 자신과 중국 소수민족 리수인들의 영적 돌파를 위해 기도할 사람들을 모았습니다.

거의 3년 정도의 집중기도 후, 주님께서 추수를 시작하셨는데, 수 백의, 그리고 수 천명의 리수인들이 복음에 응답하기 시작했습니다. 프레이저 선교사님의 삶과 사역을 보면서, 우리들이 미전도 그룹을 전도하려면 기도가 사역이란 걸 깨달았습니다.

지난 세월 동안, 저는 미주, 캐나다, 그리고 해외에 있는 미전도 그룹을 위한 기도사역에 관여를 해왔습니다. 십 년 전에는 하나님께 유대인을 위한 기도를 시작하라는 부르심을 받았습니다. 뉴욕 시 지역에서도 복음이 전해지지 않은, 특별히 유대 하레딤 단체를 조사하기 시작했습니다.

우리는 기도하면서, 하나님께서 하레딤이 복음을 듣도록 문을 여시며 일하시는 것을 보았습니다.

러셀 엘리엇의 문구가 하레딤을 위해 기도하도록 용기를 주었습니다: "성경 전체를 관통하는 말씀에는 하나님의 기도 원칙이 있다. 하나님의 계획이 무엇이든지, 자신의 백성과 자신이 하나되는 것을 기뻐하신다. 무엇보다 먼저, 그분은 기도하도록 이끄시고, 기도의 응답으로 그분의 목적을 이루신다." 하나님께서 어떤 정해진 단체를 놓고 기도하도록 우리를 일으키신다면, 그 단체에게 곧 어떠한 일을 행하실 것이기 때문입니다.

어느 크리스천의 글

기도 포인트

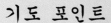

성령을 통해서 하레딤에게 복음의 진리가 밝혀지도록 기도해주세요(요한복음14.16~17, 16.13~14). 이로 인해 하레딤이 영과 진리로 아버지께 예배하도록 기도해 주세요 (요한복음 4.23~24).

하레디 공동체의 랍비들과 영적 리더들이 함께 예수님이 자신의 메시아임을 깨닫도록 기도해주세요(신명기 18.15, 18~19; 골로새서 3.15~17).

하레딤을 위해 기도하는 크리스천들이 지침을 가지고, 담대하게 기도하도록 기도해 주세요 (로마서 8.26~27; 히브리서 4.16). 들판의 추수를 거둘 더 많은 일꾼을 위해서 기도해주세요 (마태복음 9.37~38).

결론
여정은 지속된다

하레딤이 종종 일률성과 소외로 묘사되지만, 우리가 경험한 바로는, 그들은 다양한 그룹의 사람들이고, 온순하고, 겸손하다는 것입니다. 첫 번째로 우리가 그들에게서 본 것은 하나님을 향한 열정과, 율법에 대한 순종, 그리고 가족과 공동체에 대한 헌신입니다. 그들의 이러한 성품들이 우리들에게는 복음을 전할 수 있는 동기 부여가 되었습니다.

우리는 하레딤을 토라를 사랑하는 사람으로 규정하지만, 우리는 그들의 삶에 단지 외부인일 뿐임을 깨닫습니다. 그러나, 반드시 기억해야 할 것은 평범하지 않은 겉모습의 그들도 우리와 똑같은 기쁨과 고통을 마주치고 있습니다. 그래서, 그들에게도 우리와 동일한 구세주가 필요합니다.

많은 하레딤이 하나님과의 더 깊은 관계를 바라고, 더 나아가 구원을 기대하고 있습니다. 하나님께서는 그들 개개인이 다가오기를 기다리십니다. 하레딤이 예수님을 발견할 수 있도록 안전한 기회들을 제공하는 것이 우리의 진심입니다.

기도의 기반을 만드는 중요한 사역에 참여하고, 우리를 파트너로 삼아 주셔서 정말 감사합니다. 여러분의 믿음으로 가득 찬 기도가 고립된 공동체의 문을 여는 열쇠가 됩니다. 이 여정이 길지라도, 은혜로 가득 차게 될 것입니다.

리사 웨이스바움과 사역팀

기도 여정의
다음 단계

하레딤을 위한 기도 여정에 참여해주셔서 감사합니다. 본인의 시간을
할애하여 이해하려 노력하고 사랑해주심에 감사합니다. 이 기도여정을
계속 하시려면, 밑의 자료를 참고해주시기 바랍니다. 앞으로의 여정에
기도해주심이 제일 중요하다는 것을 기억해주세요.

서적:

Boychiks in the Hood: Travels in the Hasidic Underground by Robert Eisenberg

All Who Go Do Not Return: A Memoir by Shulem Deen

Becoming Un-Orthodox: Stories of Ex-Hasidic Jews by Lynn Davidman

The Pious Ones: The World of Hasidim and Their Battles with America by Joseph Berger

Defenders of the Faith: Inside Ultra-Orthodox Jewry by Samuel Heilman

영상:

A Life Apart: Hasidism in America (1997)

Shtisel (2013)

God Forbid (2011)

Peter Santenello's YouTube series on Hasidic Jews (https://rb.gy/mulllb)

리소스:

Footsteps Organization: https://footstepsorg.org/

Global Gates: https://globalgates.info/unreached-people-groups-priority-matrix/

UPG North America: https://upgnorthamerica.com/people-group/haredim-in-north-america/

참고문헌

Ben-David, Dan. "Doing (Learning) the Math in Israel: Conflicting Demographic Trends and the Core Curriculum." Shoresh Institute, November 2019. https://shoresh.institute/archive.php?src=shoresh.institute&f=policy-brief-eng-doingthemath.pdf.

Berger, Joseph. The Pious Ones: The World of Hasidim and Their Battles with America. New York: Harper Perennial, 2014. OverDrive e-book.

Berkovits, Rahel. "Maimonides." Jewish Women's Archive, July 12, 2021. https://jwa.org/encyclopedia/article/maimonides#pid-18910.

Brody, Leslie. "Investigators Say 26 Yeshivas Fall Below New York's Education Standards." The Wall Street Journal, December 19, 2019. https://www.wsj.com/articles/investigators-say-26-yeshivas-fallbelow-new-yorks-education-standards-11576798974.

Cahaner, Lee, and Gilad Malach. "Statistical Report on Ultra-Orthodox Society in Israel: 2019." The Israel Democracy Institute, January 1, 2020. https://en.idi.org.il/haredi/2019/?chapter=29391.

Complete Jewish Bible. Translated by David H. Stern. Clarksville: Messianic Jewish Publishers, 1998.

Davidman, Lynn. Becoming Un-Orthodox: Stories of Ex-Hasidic Jews. New York: Oxford University Press, 2015.

Deen, Shulem. All Who Go Do Not Return. Minneapolis: Graywolf Press, 2015.

Deen, Shulem. "What Drives Former Haredim to Suicide? And What Can We Do to Stop It?" Haaretz, April 10, 2018. https:// www.haaretz.com/jewish/struggling-ex-hasids-are-every-jew-s-responsibility-1.5378940.

Fader, Ayala. Hidden Heretics: Jewish Doubt in the Digital Age. Princeton: Princeton University Press, 2020.

Fischer, Shlomo. "Annual Assessment: The Situation and Dynamics of Jewish People 2016." The Jewish People Policy Insti-tute. Accessed November 24, 2021. https://jppi.org.il/en/aa2016/4.1.1/.

Geringer-Sameth, Ethan. "'We Put Them in the Jewish Community to Protect Our People': City and State Add Permanent Security Cameras to Combat Rise in Antisemitism." Gotham Gazette, February 12, 2020. https:// www.gothamgazette.com/ state/9102-new-york-city-state-protect-jewish-communityfrom-Antisemitism-security.

Golding, Peretz. "The Baal Shem Tov A Brief Biography." Chabad. Accessed November 24, 2021. https:// www.chabad.org/ library/article_cdo/aid/1208507/jewish/The-Baal-Shem-TovA-Brief-Biography.htm.

Greenblatt, Jonathan. "The UK Reports at Least 116 Incidents of Antisemitism over the Last 10 Days a 600% Rise." Twitter, May 20, 2021. https://mobile.twitter.com/jgreenblattadl/status/1395427851436924933.

Halbfinger, David M. "Virus Soars Among Ultra-Orthodox Jews as Many Flout Israel's Rules." The New York Times, March 30, 2020. https://www.nytimes.com/2020/03/30/world/middleeast/coronavirusisrael-cases-orthodox.html.

The Holy Bible, English Standard Version. 2001 by Crossway, a publishing ministry of Good News Publishers. Used by per mission. All rights reserved.

The Holy Bible, New International Version, NIV. Copyright 1973, 1978, 1984, 2011 by Biblica, Inc.® Used by permission. All rights reserved worldwide.

"The Jewish People of North America." Global Gates. Accessed December 6, 2021. https://globalgates.info/ infographics/the-jewish-people-of-north-america/.